淑女瘦身秘笈

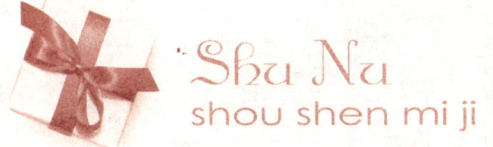

Shu Nu
shou shen mi ji

于帆　刘莹莹　主编

经济管理出版社

图书在版编目（CIP）数据

淑女瘦身秘笈／于帆，刘莹莹主编．—北京：经济管理出版社，2010.1
ISBN 978-7-5096-0778-7

Ⅰ.淑… Ⅱ.①于…②刘… Ⅲ.女性－减肥－基本知识 Ⅳ.R161

中国版本图书馆 CIP 数据核字（2009）第 186895 号

出版发行：经济管理出版社
北京市海淀区北蜂窝 8 号中雅大厦 11 层
电话：(010) 51915602　　邮编：100038

印刷：徐水宏远印刷有限公司	经销：新华书店
组稿编辑：陆雅丽	责任编辑：陆雅丽
技术编辑：黄铄	责任校对：郭佳

880mm×1230mm/24　　9.25 印张　　218 千字
2010 年 1 月第 1 版　　2010 年 1 月第 1 次印刷

定价：23.00 元
书号：ISBN 978-7-5096-0778-7

・版权所有　翻印必究・

凡购本社图书，如有印装错误，由本社读者服务部
负责调换。联系地址：北京阜外月坛北小街 2 号
电话：(010) 68022974　　邮编：100836

《淑女瘦身秘笈》编撰人员

主　　编：于　帆　刘莹莹

编委会成员：于　帆　刘莹莹　李昊轩　闫翠翠　赵　彦
　　　　　　熊　伟　于凤莲　曹烈英　于国锋　邹　杨
　　　　　　杨云云　章　鼎　于　问　安　雷　范　辉
　　　　　　潘秋鸿

插　　图：范　辉

序言

在我们周围，常能见到这样一群女人，她们身材纤瘦，却从不拒绝美食。也许你羡慕她们窈窕有致的身材，更羡慕她们的好食欲。你是否也想和她们一样，做个不用节食的苗条淑女？这就要通过科学、合理的生活习惯，运动、膳食等各个方面的全力配合，才能得以实现。

拥有精致的小脸、平坦的小腹、纤细的腰肢、漂亮的翘臀、笔直玲珑的双腿是每个时尚淑女的梦想。本书就是针对热衷于健康减肥的广大爱美的女性创作的一本实用、科学的减肥秘笈。书中提供了各种简单易行的瘦身方法：每天只要花上10分钟，就可以有神奇的瘦臂效果，有效消除手臂上的赘肉，修饰手臂线条，告别松弛浮肿；瑜伽瘦腿，既能矫正你的身姿，令你的站姿看上去更加高贵优雅，当然，最重要的是能帮助你修缮腿型,让你拥有一双迷人靓腿;瑜伽形体练习、改变饮食习惯、中药调理、按摩、锻炼、喝茶等全天然的方法,都能够安全、轻松地减掉"肥臀"上的脂肪,使之更加结实坚挺,翘然而立,实现女性心中"美"的梦想,在众人面前走出仪态万千的风韵;瑜伽瘦腹法、呼吸瘦腹法,还你平坦小腹;利用按摩的方式,以促进腿部血液循环,达到瘦身的目的……

本书将为时尚淑女们制定最切实可行的方法和轻松简易的操作,配以生动的图片,让你在家就可以开始你的"瘦身大作战"。

现在开始你的塑身行动吧,你也可以拥有令人羡慕的S形曲线!

目录 Contents

Part 1 大家说我是胖姑婆 \ 1

一、肥胖是怎样"炼"成的 \ 3
二、你真的肥胖吗 \ 6
三、淑女S形曲线5标准 \ 8
四、极端错误减肥法 \ 10

Part 2 饮食瘦身：聪明女人吃不胖 \ 13

一、修正饮食习惯，助你成功瘦身 \ 15
二、吃对食物，塑造"S"形曲线 \ 19
三、吃出精致小脸 \ 24
四、吃出纤细臂膀 \ 32
五、吃出平坦小腹 \ 41
六、吃出美丽翘臀 \ 50
七、吃出纤纤细腿 \ 58

Part 3 瑜伽瘦身：懒美人的窈窕之道 \ 69

一、瑜伽瘦身原理 \ 71
二、瑜伽塑造精致小脸 \ 72
三、瑜伽塑造纤细臂膀 \ 75

四、瑜伽塑造平坦小腹 \ 83
　　五、瑜伽塑造美丽翘臀 \ 96
　　六、瑜伽塑造纤纤细腿 \ 105

Part 4　健身操瘦身：练出苗条好身姿 \ 117

　　一、健身操瘦身原理 \ 119
　　二、减肥操打造精致小脸 \ 120
　　三、健身操打造纤细臂膀 \ 125
　　四、健身操打造平坦小腹 \ 136
　　五、健身操打造美丽翘臀 \ 143
　　六、健身操打造纤纤细腿 \ 158

Part 5　另类瘦身：塑造苗条好身姿 \ 165

　　一、另类瘦脸法 \ 167
　　二、另类细臂法 \ 169
　　三、另类瘦腹法 \ 173
　　四、另类塑臀法 \ 177
　　五、另类细腿法 \ 181

Part 6　按摩瘦身：动人身材"按"出来 \ 185

　　一、按摩瘦身的原理 \ 187
　　二、按摩的注意事项 \ 188
　　三、按摩瘦脸 \ 189

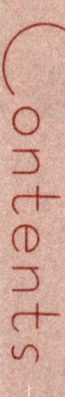

四、按摩瘦臂 \ 193
五、按摩瘦腹 \ 198
六、按摩塑臀 \ 202
七、按摩瘦腿 \ 207

参考文献 \ 211

Part 1
大家说我是胖姑婆

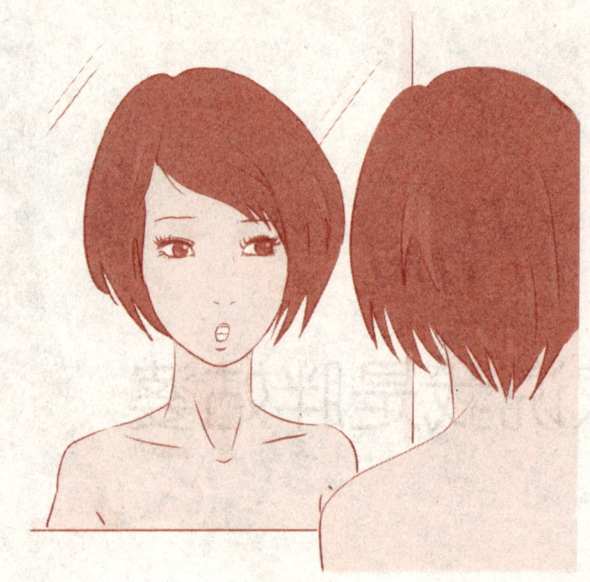

　　自古以来,在国人的审美观念中就一直把"身材婀娜多姿、亭亭玉立"等作为评判女性靓丽与否的标准之一。时至今日,人们更是把"以瘦为美"的观念推向了巅峰。"肥婆"、"肥妹"、"胖妞"等称呼是淑女们最不愿意听到的。无论你的五官生得多么精致,如果体态臃肿、赘肉成堆,一样会被人嘲笑,大家会叫你"胖姑婆",所以赶快找到肥胖的原因,"对症下药",重塑曼妙身材吧!

一、肥胖是怎样"炼"成的

脂肪对于人体机能的作用是非常巨大的,可以说人体所需能量的大部分都来自于脂肪。由此,人体便形成了自发性的积蓄脂肪的功能,以储备人体日常所需要的能量。人体能量消耗的速度弱于脂肪增多的速度,所以如果在日常饮食中所摄入的食物不当,就会使体内正常的脂肪代谢受到破坏,使脂肪在体内堆积起来。

虽然关于肥胖的成因至今尚未完全阐明,但有一点是可以肯定的,肥胖大多是由于进食卡路里过多形成的。目前,经科学揭示形成肥胖的原因大多有以下几种:

1. 遗传

肥胖与遗传因素有关。在现实生活中,肥胖常常来自同一家族。研究显示,父母体重正常,其子女肥胖的几率约为10%;如果父母中有一位是肥胖者,那么子女有50%是肥胖者;如果父母均肥胖,子女肥胖的概率大约在70%~80%。

2. 性别

肥胖与性别有一定的关系。女性从青春发育期开始至性成熟期,由于女性荷尔蒙的分泌促使体内脂肪比例逐渐增加。

3. 年龄

随着年龄的增长,人体的基础代谢率会降低。如果,此时再保持和以前相同的卡路里摄取,就很容易会造成体内脂肪比率的增加,而导致肥胖。

4. 饮食

有的专家认为:肥胖来自遗传方面的原因,更多的都是由于后天的饮食习惯所引起的。因为一个家庭的每个成员大多每天都

是在进食相同的食物,于是言传身教中子女大多也继承了父母导致肥胖的饮食习惯。从这一方面看,肥胖

的遗传素质更多的是在于遗传"吃的习惯和方法"。事实上，也的确如此。很多肥胖的人都习惯于多食、贪食。在饮食习惯中，少餐多吃，嗜酒，喜好甜食、油腻食物及高盐含量的食物，喜欢吃稀汤及细软食物而不愿吃纤维素食物，好吃零食及食后即休息的人发生肥胖的概率是非常高的。

5. 运动过少

随着现代社会交通工具的发达和现代高科技产品的家庭普及化，这些都使原本纷繁芜杂的体力活动大为减少和降低，使人们更加轻松、省力，从而直接导致了人们运动量的减少、热能消耗降低、基础代谢率下降而造成肥胖。

6. 情绪

研究显示，在工作生活中由于情绪的波动而导致的愤怒、悲伤及空虚等情绪极易引起暴饮暴食，甚至贪食。特别是对于那些性格内向的人来讲，在情绪受到较强烈的刺激时有74%的人会首先选择食物作为发泄对象，甚至无法控制。这样，在短时期内随着食欲的激增，脂肪积累也会随之增加，形成肥胖。

7. 内分泌失调

神经系统及内分泌系统的调节机能产生障碍，往往伴有继发性肥胖。如神经系统产生障碍，导致摄食中枢不能保持平衡时，虽然肚子不饿但无法抗拒眼前的食物，看到美味食品就忍不住想吃；内分泌系统产生障碍导致胰岛素供需不平衡，脑下垂体、甲状腺、性腺等分泌异常，使人体的新陈代谢调节功能受到破坏，这些都会直接或间接地导致肥胖。

8. 反复节食减肥

通过节食的方法进行减肥，由于限制了生活中正常的饮食需求，造成体内瘦肌肉减少、基础代谢率下降，使身体所需能量减少。所以虽然减少了卡路里的摄取，但身体的卡路里消耗也减少了，当两者重新达到一个平衡时，就无法再继续瘦下去。一旦恢复原本的食量，因为基础代谢率已经降低，所以形成卡路里的供需不平衡，这反而又造成了体重上升的情形。

9. 睡眠不足

研究显示，睡眠不足会改变人体正常的代谢水平。当人体睡眠不足时，人体的瘦素水平就会降低，人体就会有强烈的饥饿感，从而极易引发暴饮暴食而导致肥胖。

10. 环境污染

在我们的日常生活中，总不免要接触一些化学品，如清洁剂、香料、调味料、塑料等，这些化学物质或被我们吸食、吞入，或通过皮肤吸收。已经有研究表明，这些化学物质中有些可能是内分泌扰乱剂，会干扰人体内雌激素等的正常功能。随着生活中人体内聚集的毒物越来越多，雌激素就不能正常行使其功能，这也会导致体重越来越重。

11. 服用避孕药

口服避孕药会使服用者的体内产生过量脂肪和水分。抗抑郁药、β受体阻滞药及抗组胺药也能使体重增加。

12. 抑郁

研究显示，抑郁的女性会胖起来。因外界压力无处排解，往往很容易从食物下手，尤其是吃油腻香甜的食物，这些食物能够给人很强烈的安慰和满足感。

13. 患有多囊性卵巢疾病

患有多囊性卵巢综合征的女性卵巢增大，上面往往长了许多小囊泡，有这种病症的女性40%体重增加，其他症状包括痤疮、体毛过多、停经和受孕困难。

14. 生理周期

女性在来月经周期会有不同程度的烦躁、嗜吃、嗜睡等现象。在这段时间，放开胃口大吃大喝而缺少运动，同时睡眠也相应增加，这就不知不觉增长了体内的脂肪。

15. 卧室环境太温暖

天冷的时候，我们的身体用卡路里保持温暖。因此，有中央供暖设备和有空调的地方，卡路里消耗较少，体重易于增加。

16. 季节

在冬季，由于屋外寒冷很多人一步也不愿跨出家门，整日抱着零食寸步不离电视。此外，冬天宽松、厚实的衣服也让人放松了对脂肪的紧张感和警惕性，所以一天天胖起来了。

由此可见，肥胖不是一天造成的，也不是单一原因造成的。肥胖的成因复杂，有些肥胖并不单是卡路里摄取及消耗的平衡问题，更牵涉到疾病、内分泌等。所以要治疗肥胖或者减肥，也绝不是一蹴而就的事情，科学的态度应该征询医师及营养师的意见，以达到身材窈窕、健康的目的！

二、你真的肥胖吗

女人若水,女人是美的化身,拥有婀娜多姿、纤细玲珑的身段,能给人以赏心悦目的享受。反之,如果赘肉成堆,那么什么美感都没有了。更糟糕的是,肥胖不仅让追求完美的淑女们丧失了形体美,还会让自己变得颓废、不自信,心情消沉。不仅如此,肥胖也是健康的敌人,高血脂、高血压、高血糖会随着体重的增加,而缠上淑女们,导致身体失去往日的光彩。因此,瘦身成为时尚淑女们生活的一部分,于是乎,一个"以瘦为美"的风潮在社会上广泛传播开来。但是在减肥大军中,我们不难发现这样一个非常奇怪的情景,在那些想减肥的人群中,有很多原本就很消瘦,甚至有些羸弱的人也在"拼命"地实施减肥计划。这样盲目减肥的结果是,原本精神焕发、神采奕奕的MM[眉美(méi měi)的缩写],变得面容憔悴、身体虚弱、身形如纸片一般,毫无美感。

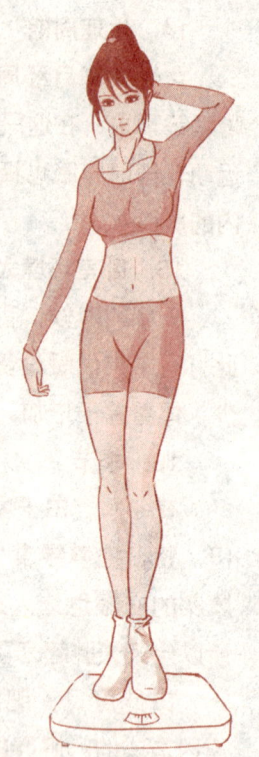

由此看来,想要减肥,首先要弄清楚一个问题,那就是:你真的肥胖吗?判断肥胖程度的标准是什么?你的体重是否符合健康水平呢?这就需要有一个科学权威的指标了。下面就介绍一下计算标准体重指数(Body Mass Index,BMI)和体脂肪率的方法,以此作为依据用来评估你肥胖的严重程度。

1. 体重指数(BMI)

这是最常被医学界认可的指标,即体重和身高对比的数据,此数据最能清楚地测量出你的体重是否超标。

体重指数(BMI)= 体重(公斤)÷ 身高(米)

例:一名身高1.62米、体重52公斤的女士

BMI = 52 ÷ 1.62 = 32.1

那么,现在就请计算你的BMI,

看看你是属于下列哪一种类型：

（1）BMI < 18.2。过瘦。你不但不需要减肥，反而要注重饮食以增加体内的营养，以达到身体的健康。

（2）BMI = 18.2～22.9。符合标准。你现在并不需要进行减肥，只要保持目前的饮食和生活习惯及做适量运动即可保持身体健康。但如果你的体重指数已经非常接近于22.9，此刻你就应该注意了，如果你不加控制，你的体重很有可能会很快超标。

（3）BMI = 23～24.9。超重。你需要制定一份详细的减肥计划了，并且反省一下你以前的饮食和生活习惯。只要计划制定科学，执行充分，在这一阶段的大部分超重者都可通过增加运动量和注意饮食来达到减肥的目的。

（4）BMI = 25～29.9。一级肥胖。你现在已进入高危体重的范围了，你应该向医师和营养师咨询意见以制定适合自己的科学减肥计划，并予以严格执行。

（5）BMI ≥ 30 或以上。二级肥胖。从严格意义上讲，你现在已经是一个病人了。你现在需要向医生详细了解自己目前的身体状况，并进行一次全面的身体检查，在医生的指导下制定出一个正确的减重计划，在生活中也要严格控制饮食和加大运动强度以增加体内多余脂肪的消耗。

2. 体脂肪率

指"人体脂肪"与"体重"的百分比。

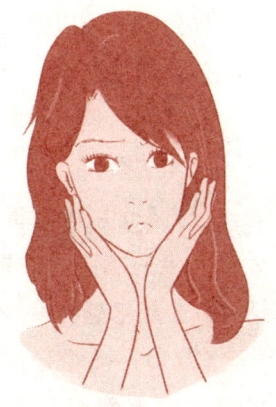

通常，要判断一个人真正的肥胖程度，除了常用BMI做参考指标外，还应检测体脂肪率，这样所得出的结果才会比较客观。

一般，正常人体内约有25%是体脂肪。如以体重70公斤计算，那身上就约有17.5公斤的脂肪，或许你会认为这是一件很恐怖的事，但你要知道适量的脂肪对人体脆弱的脏器是具有保护作用的，因此脂肪还是有其存在的必要性。据统计，一般男性正常体脂率约在15%～25%之间，女性约在20%～30%之间，体脂率会随着年龄的增大而逐渐增加。如成年男子的体脂肪率超过25%，成年女子超过30%，就达到医学上所谓的"肥胖"标准了。在知道了以上两个标准之后，想减肥的淑女们快来审视一下自己，到底需不需要减肥。

淑女们可以通过下面的测试了解自己的体脂肪率是多少：

（1）你现在的体重较 5 年前增加了 5 公斤以上；

（2）吃饭速度一般较快；

（3）你的体重没有较大幅度的变化；

（4）你的包包里总是储存有数量可观的零食，闲暇时你的嘴巴总是吃个不停；

（5）喜欢油炸的食物；

（6）腰围除以臀围的数值大于 0.76；

（7）即使是从一楼到二楼也得搭乘电梯；

（8）你总是不断地减肥，又不断地反弹。

检测结果：

（1）6 个以上是肯定答案。你的体内已经囤积了大量多余的脂肪，如果此时你还不采取特殊行动的话，你会越来越胖。

（2）3～6 个是肯定答案。你现在正逐渐发胖，虽然表面上看起来你并不是很胖，但你现在就应该赶快改变以往的饮食方式与生活习惯，并制定自己的一份运动计划。

（3）肯定答案在 2 个以下。你目前的身材很标准，要继续保持好的饮食方式和生活习惯。

通过上面的测试，我们不难发现过度肥胖和过度消瘦都是不健康的表现。对自己的肥胖指数有一个初步的评价，做到心中有数后再去减肥瘦身也不迟。在此，善意提醒那些身材已经很"骨感"甚至都有些消瘦的淑女们，过低体重不但对身体健康不利，甚至还会导致疾病发生。

三、淑女 S 形曲线 5 标准

窈窕身材是每一个现代女性的追求和梦想，很多 MM 经常将"窈窕"与"瘦"联系在一起，其实"窈窕"不单纯指"瘦"，更重要的是指"S"形曲线。想要拥有完美的"S"形曲线，也就是要讲究胸、腰、腹、臀及腿等身体局部的形态美，如果单纯地瘦成"纸片人"，没有凹凸的曲线，是一样没有美感的。

在生活之中，其实判断自己的身材是否太胖或太瘦，或者是距离完美身材的标准差距到底有多大，得到的答案是 53，便是最标准的尺寸；结果数值在 54～56 之间，你的身材即属于符合标准；而当所测数值在 57 以上，即属于肥胖了。

此外，对于女性而言，具备以下条件的乳房才是美乳的标准：

（1）丰满、匀称、柔韧、富有弹性，外观挺拔，未婚少女呈玫瑰红色圆锥形，已婚少妇呈褐色半球形。

（2）乳房位置比较高耸，乳头凸出，略向外翻。

（3）两乳头间距大于 20 厘米，乳房基底直径为 10～12 厘米，乳房高度为 5～6 厘米，乳晕直径为 3.5～4.8 厘米。

2. 腰部形态美的标准

腰围测量时，应注意深深吸一口气，记下收缩时最细的状态。以身高 160 厘米以下的女性为例，腰围保持在 60 厘米以内为宜。

女性的腰围应当比例恰当、粗细适中、圆润、柔韧灵活，腰部的形态美主要体现在两侧曲线的圆润以及上起胸部下接臀部曲线的柔和变化上。从侧面看，它与胸、腰、臀、腿一同构成了一组光滑的"S"形曲线，从而使女性身材显得优美动人、凹凸有致。当然，在生活中仅仅追求所谓的"杨柳细腰"也是不对的，因为腰细并不能体现出整个身材的完美，还应注意考虑腰至臀部的曲线以及与胸部的平衡等综合因素。

3. 臀部形态美的标准

女性完美臀部应当形态圆润、富有弹性，并且臀

这些其实是完全可以通过测量，通过数字明晰地显现出来的。最常被人们认可应用的标准主要有以下 5 项：

1. 胸部形态美的标准

胸围的测量一般我们常用平胸量法，即用软尺穿过腋下的水平高度所测量的数值。在测定胸围的时候，应注意首先深深地吸一口气，测定的数值应是胸部扩张幅度最大时的状态。若测出的胸围（厘米）÷身高（厘米）×100

部大小也应与腰围的粗细比例相适中。

臀围测量时主要是通过臀部顶点的水平方向测量得到的数值，根据臀围减去腰围所得的结果进行大小评定。臀部大致可分为以下5种：臀围与腰围之差在0～14厘米之间的为特小臀；臀围与腰围之差在15～24厘米之间的为小臀；臀围与腰围之差在25～34厘米之间的为中型臀；臀围与腰围之差在35～44厘米之间的为大臀；臀围与腰围之差在45厘米以上的为特大臀。

当然，臀部并非是尺寸合乎标准便为美观，这里臀部的挺、翘更为至关重要。当双腿伸直、脚跟并拢站立，从腰部至臀部的顶点如果在18厘米以内，便属于挺翘型；若超过18厘米者，则属于下垂型。

4. 手臂形态美的标准

对于女性而言，手臂和手腕都是身体中比较纤细的部分。对于手臂的数值测量，大多采用上臂围（即手肘至肩部最粗部分的数值）与颈围（即下巴抬起颈部伸长状态时颈的数值）之差在4.5厘米是最理想状态。

5. 腿部形态美的标准

女性的美腿应该是白皙丰满、细腻而富有弹性的，小腿肚浑圆适度，脚跟结实，踝部细而圆。

在测量大腿围的数值时，大腿应先向前迈出半步，放松，测量出臀部下方大腿部分的数值，其围径比腰围小10厘米为宜。测量小腿围也应采取相同的姿势，测量小腿最粗的部分，小腿围径以比大腿围径小20厘米为宜。

那么，现在就开始测量一下你身体的5项数值吧。如果合乎标准当然是最理想的，希望继续保持；如果不合标准，应该及时采取措施，这样才能拥有优美动人的曲线。

四、极端错误减肥法

现在，有关减肥的方法可谓花样迭出，尤其是那些拥有天使脸蛋、魔鬼身材的明星们的减肥方法更是被减肥一族们奉为"减肥宝典"，自然纷纷效仿。但健康专家认为，

PART 1 大家说我是胖姑婆

这些被大肆宣扬的减肥方法其实并不科学，其中甚至还有不少"绝招"过于极端，可能会对身体健康带来危害。

1. 早上起来只用一杯果汁充当早饭

专家提示：早饭在一天之中的作用自不必说，早饭犹如进补，对人体很重要。若长期以果汁代替早饭，久而久之必然会产生营养不良。另外，人是杂食动物，如果只是单纯吃一样，即是轮换用苹果、西红柿、葡萄、柚子等水果榨汁食用，势必也会损害身体健康，严重者甚至还会危及生命。正确的做法是早饭不仅要吃，而且要吃好，尤其以多种食品的组合为最佳，即粮食、牛奶、鸡蛋、蔬菜、水果，只有这样对健康才有利。

2. 经常服用"利尿剂"

专家提示：服用利尿剂会因体内水分减少而减轻体重，而且还有一种暂时性的"瘦脸"效果。但大量服用利尿剂，也会出现脱水、中暑、乏力等明显的副作用。所以，如果你没有医生开的处方，请不要自行服用。

3. 穿塑身内衣休息

塑身内衣大体包括束腹、马甲、下半身束裤等。其实塑身内衣的构造并不如它们的宣传那样神奇，其原理大抵就是将身体内的脂肪进行暂时"移位"以达到塑身整形的目的。但是，一旦压力消除，身体则会立刻恢复原样。

专家提示：长时间穿着这种塑身内衣有害无益，其不但会妨碍女性正常的呼吸和运动，甚至还会压迫女性腹部的很多重要脏器产生不良后果。此外，长时间穿着塑身内衣还容易出现全身血液流通不畅和新陈代谢不良，从而对皮肤的汗液排泄造成直接影响，引发皮肤病等。正确穿着塑身内衣的方法则是白天可以穿着以衬托出胸部、臀部的丰满，在晚间还是要脱下来，给身体以很好的放松时间。

4. 一年激瘦36公斤

一年减掉36公斤体重，听起来是不是非常诱人啊？但这个速度实在是太快了，快得有点让身体都承

受不了了!

专家提示:如此大幅度减重的结果,除了会造成体重反弹外,还极易导致营养不良、内分泌失调乃至全身器官衰竭等不良影响。而且,社会上因迅速减肥而导致死亡的例子也不是一两个了。其实,纵使这种"立竿见影"式的减肥方式当下成功了,但是其不良后果就等于是用她今后的健康来换取眼下的苗条了。并且,在一段时间内急剧减重对于正处于身体发育期的青少年来讲尤其有害,处于这一年龄段只要保持合理的运动和饮食方式即可保证拥有健康的身体了。

5. "肚里养蛔虫"

据说,使用这种方法减肥不管吃了多少东西,养分、热量都会被肚里的蛔虫吸收掉。但如果这种说法成立的话,那么相信你的身体也会营养不良的,自然也就不会保持健康了。

专家提示:蛔虫是人体内的一种寄生虫,它的存在只会对我们的身体健康造成危害。而且,蛔虫并不一定会老实地待在肠道里,它甚至可以到达人体内的许多器官,后果不堪设想。

6. "呕吐减肥"

即吃完东西马上灌下一大杯白开水,然后抱着马桶,用手指拼命抠喉咙、扣小舌等方法将刚才进食的食物吐出来,就跟没吃一样。

专家提示:这样做由于你进食的食物没有经过胃肠的吸收,自然身体也就没有吸收到任何营养物质。通过这样的方法,你或许可以瘦下来,但是如果你长此以往,那么你的胃也将会有萎缩的危险,并且易得厌食症和多种消化道疾病,对身体伤害很大,建议不要轻易使用。

7. "大肠水疗法"

通过洗肠,排除体内多余的废物和毒素,加强肠蠕动、促进新陈代谢。

专家提示:起源欧美的一种短期极端的减肥方法,经过五六年来的检验,证明对瘦身、美容的效果不明显。而且这是一种侵入性的医疗行为,副作用明显。

Part 2
饮食瘦身：聪明女人吃不胖

　　健康是吃出来的，这一点都不夸张，食物能够为人体提供充足的能量，帮助体内各器官正常运作。但很多MM却将体重增加、赘肉成堆的责任完全归咎于食物，这就不对了。其实，只要选择健康营养的低热量食物，并且养成科学的饮食习惯，就能够让爱美的MM在享受美味大餐的同时拥有迷人的身材曲线，聪明的女人是吃不胖的！

PART 2 饮食瘦身：聪明女人吃不胖

一、修正饮食习惯，助你成功瘦身

追求美丽的淑女们，是否都曾经有过这样的减肥经历：在开始了自己瘦身大计之初，效果是很明显的。然而，没过多久体重便在不知不觉中又悄悄反弹。美食当前，MM们一次次地为自己开脱，当然很难成功瘦身。既要追求曼妙的身材，更要享受美好的生活，这就需要科学的安排饮食，修正错误的饮食习惯。只有这样，爱美的你才能够身材、生活双丰收！

（一）错误的饮食习惯

减肥不理想的淑女，通常是在饮食上犯了这样或那样看上去很小的错误，可就是这些不起眼的"小毛病"，使你的减肥大业功亏一篑，下面就列举最常见的错误饮食习惯，对照一下，看看你有没有犯这样的错误：

1. 睡觉之前总是想吃东西

很多人都会有这样的体会，那就是在白天食欲还能够理性地控制，但是在睡前的几个小时总是很难控制。而且在睡前几个小时内吃东西，由于夜晚运动较少，所以很难消耗卡路里，会更容易长胖。

2. 顺便吃掉桌上放的巧克力、薯片、蛋糕

营养专家提醒我们，食物摆放的环境容易给人以心理暗示。如果食物放在触手可及的位置上，你将会

很难拒绝它们的诱惑。

3. 不用细细计算吃了多少

"我几乎都是按照饮食计划来减肥的，可就是不能减轻体重。"在日常生活中，我们经常能够听到这样的抱怨。造成这种结果的最直接的因素，一定是你摄入了没有估算到的，额外的卡路里。事实上，在调味酱里、饮料里，甚至任何一点小食品中都含有大量的卡路里，它们经常让你在不经意间就吸收上百的卡路里。所以，正在减肥的淑女们，快细细地计算一下你吃了多少卡路里吧。

4. 低脂食品不会发胖

低脂是和全脂相比较的，那也就意味着低脂也仍然含有大量的卡路里，而且更为严重的是低脂食物的含糖量往往更高。

5. 为了减肥，将禁食进行到底

营养专家提醒我们，通过不进食的方式来减肥其实并不意味着可以减少人体摄入卡路里的数量，而且很有可能会让你在几个小时后因为极度饥饿而吃掉更多的东西。

6. 忘记吃饭，正好减肥

如果经常性出现不能按时就餐的情况，就不能总是随便找些便捷食物补充了事了，应当重新调整自己的饮食计划。

7. 只要运动就可以减肥

你知道吗？半个小时的快走或者一个小时的有氧运动不过是消耗掉一块巧克力的卡路里。可见运动瘦身消耗卡路里的同时，你仍需要减少食物的进食，否则即是大的剧烈运动之后产生的"补偿心理"极易使你暴饮暴食，反而更容易造成体内脂肪的积聚了。

那么，要想改变减肥不利的现状，让该胖的地方胖起来，该瘦的地方瘦下去，就从今天起，修正不好的饮食习惯，坚持下去，逐渐地你就会惊奇地发现，自己的身材正在变得窈窕有致。

（二）健康科学的饮食习惯

除了改正这些不良的饮食错误外，还应该养成下面这些正确的饮食习惯，这样才能使你的减肥计划完美进行。

1. 按时吃饭

营养专家提醒我们，人的身体

正常的情况下是大约3～5个小时就会有饥饿的感觉，此时就餐效果最佳，如果我们等到已经明显饥肠辘辘的时候才去进餐，这时往往都会进食过量。如果你能够养成按时就餐的好习惯，在一年的时间里可以瘦7公斤，瘦身其实就是这么简单。

2. 封杀夜宵，睡前4小时勿进食

要想拥有窈窕身材，一定要对夜宵说"不"，睡前四小时不要进食，实在太饿，可以选择水果代替。这也是许多明星保持窈窕的重要法则。

3. 适当吃肉，更能吃出窈窕来

美国纽约的一家医院的营养学家们认为，适量地进食肉类，不会让想减肥的女性变肥，尤其是较瘦的肉，较瘦的肉富含蛋白质和铁，人食用后需要用较长的时间来消化，人自然不会觉得有饥饿感，也就避免吃更多的食物。

4. 抑制食欲，饭前喝杯水

饭前喝杯水，或者吃个水果，胃内就会有饱胀感，食欲也就不那么明显，可适当减少进食的数量，身体自然不会轻易发胖。

5. 三餐变多餐，一次量要少

把三次的量分成若干次，可以适当缩短进食时间，因为人体消耗的食物其实一次只是很少一部分，人体需要的卡路里也比较少，一次如果进食较多的食物，消耗不了的能量就转化为脂肪储藏在身体内。像我们经常看到的运动员、模特等，大多采用少吃多餐的办法，才让身材得以保持最佳状态。

6. 吃坚果，窈窕自然来

可选择坚果类的零食，这些零食坚果富含维生素，不仅能美容，而且肠胃能产生饱胀感，可抑制食欲。是热爱零食，又爱窈窕的女性的最佳选择。

7. 早餐必须吃，相对要丰盛

人体经过了一个晚上的休息，新陈代谢尚处于较慢阶段，一旦我们进食，新陈代谢就会加速。如果，我们不吃早餐的话，等到午餐时，新陈代谢才能加快，那么就推迟了至少半天时间，那些没有消耗掉的卡路里就会积聚在体内，转化为脂肪，毁坏我们的身材。所以，早餐是一定要吃的哦。

8. 一天一个苹果，美容又塑身

苹果，是很多名人、模特推崇的好东西。它富含果胶、纤维素和维生素C，不仅能够美容养颜，而且能够预防便秘，保持肠胃通畅。另外，它还能让人产生饱胀感，明显削弱食欲。保持每天吃一个苹果，能够让你的身材变得窈窕起来。

9. 多吃豆制品，吃出好身材

豆制品含有卡路里低，蛋白质高的特点。它不仅

能让身材保持苗条，而且因其植物蛋白，能防止臀部下垂，让你越吃越翘！

10. 用不粘锅烧菜

也许你还不知道，不粘锅可以有效阻止锅底表面上过多的食用油粘贴在食物上，这无形中每餐就自然地减少了100卡路里的吸入量。如果再配以正确的选择油壶，也就是选择喷嘴式油壶，每次烹调时在食物的表面只稍稍喷上一点儿油，还可以减少更多的卡路里。

此外，在烹调过程当中如果不用油炸、红烧的烹调方式，选择烤、水煮或是清蒸的方式，又能减少一部分的脂肪摄入。按照这些小窍门，你一年能轻松瘦5～10公斤。

11. 饮料首选是茶水

牛奶、酸奶、咖啡、奶茶这些看起来很诱人的饮品其实正在成为你过多卡路里摄入的来源。一杯牛奶的卡路里是160千卡，一杯咖啡的卡路里在100千卡左右，酸奶或奶茶的卡路里也在100千卡以上。

因此，最好用茶或者白水代替，茶水不仅卡路里很低，有些茶水不但本身热量低还能增加卡路里的代谢率，也许朋友们首先想到的是普洱茶，因为普洱茶的减肥功效是人尽皆知的，其实一杯乌龙茶也可以增加卡路里的代谢。当然，很多人并不一定喜欢喝茶，那么可以用清水来代替，适当饮水能促进体内废物排泄，也是减肥的一个好方法。

12. 多吃"原生态"蔬菜

大多数蔬菜，在经过烹饪后，不但部分营养物质会被高温破坏，同时，卡路里指数也会由于粘连油类物质而有所增加，像菠菜、油菜这类对油的吸纳能力很高的蔬菜，我们吃了就当然会摄入较高的卡路里。

所以，在可以生吃的情况下，还是提倡大家多吃原生态蔬菜比如胡萝卜、黄瓜、西红柿、白菜、辣椒、洋葱等。

13. 养成专注的进食习惯

很多人总是一边吃饭，一边看电视，吃一口看一眼，看到精彩之处，甚至停下用餐，这样做的后果就是：食量悄悄增加了许多，到最后，看完电视了，会发现居然吃了一大堆东西，食物已经进胃，后悔已经来不及了。久而久之，习惯成自然，身材也自然难以窈窕起来。

二、吃对食物，塑造"S"形曲线

"爱美之心，人皆有之"，对于女性而言，减肥更是恒久不变的生活话题。究竟如何做到既吃得好又吃出健康，还能保持曼妙身材，一直是很多女性不断追求的目标。下面这些健康食品，即可以帮助女性保持苗条、匀称的身材。

（一）饱腹功效的食物

一般说来，脂肪含量较多的食物，容易让人消除饥饿感。但是，过多地摄入脂肪又会造成脂肪蓄积，变成胖MM。那么有什么办法可以吃得饱，又能够防止长肉呢？答案是，可以吃一些能够令人有饱胀感的食物。

饱腹功效最显著的食物有：

1. 香蕉

虽然卡路里很高，但脂肪却很低，而且含有丰富的钾，又饱肚又低脂，可减少脂肪积聚，是减肥时候的理想食品。

2. 苹果

苹果能够令人产生饱腹感，消除饥饿感，降低人的食欲，是淑女们减肥不可少的水果。除此之外，苹果含有苹果酸，可以加速代谢，减少下身的脂肪，而且它含的钙量比其他水果丰富，可减少令人下身水肿的盐分。

3. 山药

食用山药后，会增加人体的饱胀感，有效地抑制食欲，能够减少进食量，达到减肥的效果。此外，山药还含有大量黏蛋白，能减少皮下脂肪堆积，避免肥胖及消化不良等症。

4. 燕麦片

燕麦片是很好的减肥食品，研究发现，每天食用燕麦片就是最简单有效降低胆固醇的方法。燕麦片里含有的纤维能形成一种凝胶，有效降低人体对胆固醇的吸收。并且，早餐吃燕麦片的人能一上午都保持精力充沛，并且可以降低午餐的摄入量。

5. 玉米

玉米含丰富的钙、磷、镁、铁、硒及维生素A、B_1、B_2、B_6、E和胡萝卜素等，还富含纤维质。实验证明，经常食用玉米不仅能够消除饥饿感，还能有效地减肥塑身。

6. 土豆

土豆里含有很多矿物质，对身体非常有益，而且不含糖分。吃后容易有饱胀感，当然也不能吃得太多。有很强的降低血中胆固醇、维持血液酸碱平衡、延缓衰老及防癌抗癌作用。土豆含有丰富的膳食纤维和胶质类等容积性排便物质，可谓"肠道清道夫"。

7. 坚果

每天吃一把坚果不仅对心脏有好处，也更容易保持体重。因为坚果会让你产生饱胀感，减少你的进食量。但坚果所含的卡路里较高，也不宜多食。营养专家建议每周吃两次，每次吃8克，大约握在手心松松一把的量，即可获得丰富的不饱和脂肪酸和抗氧化剂。

8. 全麦面包

应该尽量选择纤维含量的全麦面包片，它的糖含量较少，维生素B和铁的含量却很高。同时，它跟全谷类面包一样，能提供大量的食物纤维，只吃少量就会使你有饱的感觉，因此能起到控制食欲的效果。

（二）促进脂肪分解的食物

身材走样的MM，大部分由于日常饮食中吃的食物多是高脂肪、高热量的，所以，造成脂肪无法消化、清理，形成堆积的赘肉。对于馋嘴的人来说，不妨多吃以下几种食物，利用食物天然的特性，把脂肪分解掉，从而减少对脂肪的吸收。

1. 豆类

豆类含丰富纤维质，能分解脂

肪及抑制脂肪积聚。而大便畅通可令食物在肠道停留时间缩短，减少吸收。

2. 干芦荟

芦荟是减肥茶里常用的原料之一，其中含有的芦荟活性因子能够促进脂肪燃烧，并抑制肠道对餐后食物中脂肪的吸收。芦荟中的大黄素还能起到通便的作用，有效防止脂肪的二次堆积。

3. 黄瓜

黄瓜中含有丙醇二酸，有加速人体新陈代谢，抑制糖分转化为脂肪的作用。

4. 红薯

红薯中含有大量的黏液蛋白和粗纤维，在肠道内不易被吸收，有分解脂肪的特殊功能。

5. 黑木耳

黑木耳中含有丰富的纤维素和一种特殊的植物胶质，这两种物质都能促进胃肠蠕动，促进肠道排泄，减少食物对脂肪的吸收。

6. 木瓜

木瓜中的蛋白酶可以将人体内的脂肪分解。另外，木瓜中含有一种酵素，能消化蛋白质，有利于人体对食物进行消化和减少脂肪的吸收。

7. 西红柿

红色的西红柿中含有丰富的西红柿红素，橙色西红柿中的西红柿红素含量是红色西红柿的两倍半。一杯橙色西红柿汁，就能满足一日的维生素A的需求。不仅如此，西红柿还能够有效地分解脂肪，降低脂肪的堆积，达到减肥的效果。

8. 苋菜

苋菜属于低脂、低卡路里的绿叶蔬菜，富含多种营养素，其中的粗纤维可以促进肠蠕动，可以帮助轻身减脂。

9. 海带

海带有使人消瘦的作用，可消除血脂，减少脂肪在心脏、血管和肠壁上的沉积，尤其对甲状腺功能低下引起的肥胖有效。

10. 胡萝卜

胡萝卜能够很好地分解脂肪，使体内的脂肪含量降低，达到减肥的效果。胡萝卜还具有非常好的养颜美容效果，每天早上喝一杯现榨的蜂蜜胡萝卜汁，瘦脸效果也是非常明显的。

11. 西芹

西洋芹含有丰富的营养元素，并且在进食的过程当中充分咀嚼也有促进口腔活动的功能，特别适合在夏天食用甚至简单地生吃，可口又健康。

（三）排毒的食物

减肥和排毒是密不可分的，减肥中的淑女都要有排毒的行动才能达到健康、良好的减肥效果，但药物排毒对身体的副作用是很大的，在这里介绍几种排毒效果很好的食物，让淑女们在摄入食物的同时，达到排毒减肥的效果。

1. 冬瓜

有利尿消痰、清热解毒之效，由于肥胖的人大多体内比较热，冬瓜的下气、清热功能有助于减肥，可以长期大量服用。

2. 茶叶

有清头目、除烦渴、化痰、消食、利尿的作用。茶叶所含的咖啡因可以兴奋中枢神经，使身体消耗增加，同时可以利尿和促进代谢。普洱茶、乌龙茶减肥效果最佳，素有减肥茶之美称。

3. 酸奶

酸奶之所以具有一定的减腹功效，这是因为它含有大量的活性乳酸菌，能够增加体内有益因子的活性，促进肠胃蠕动，对于因便秘和体内毒素堆积而造成的腹部肥胖、肠胃胀气具有非常好的缓解作用。

4. 韭菜

韭菜中含有芥子油辛辣成分，能够帮助食物分解，起到开胃、助消化的作用。此外，韭菜中的膳食纤维可以刺激胃肠蠕动，加快了胃肠道的排空速度，在促进排泄的同时还能减少人体对脂肪的吸收，使腹部不再像一个"吸铁石"一样，把自己"撑得"鼓鼓囊囊。

5. 红豆

红豆富含维生素 B_1、B_2、蛋白质及多种矿物质，有补血、利尿、消肿等功效，对肥胖问题能够起到双管齐下的作用。红豆的石碱成分可增加肠胃蠕动，减少宿便在体内的堆积，使肠道通畅无阻，小腹自然变得平坦；而红豆的利尿作用能够帮助人体清除多余的水分，减轻了肾脏和膀胱的负担，使小腹重新变得紧实、富有弹性，腰身的曲线更加窈窕。

6. 西瓜

西瓜具有减肥的功效众所周知，主要源于西瓜含有丰富的水分，有助消化、消水肿的作用。首先，西瓜能够被人体充分吸收、消化，极少产生废弃物，也就减轻了肠胃和肾脏的负担，使体内废物得以充分排出；其次，西瓜本身就富含水分和钾盐，有利尿的作用，不仅能将体内毒素排出，恢复身体的新陈代谢，还能将多余水分排出，改善因水分滞留造成的浮肿等问题。

7. 菠萝

想要减少脂肪的堆积，首先要将肉类消化的速度"提"起来，菠萝就是最好的"加速器"。菠萝中含有丰富的水果酵素，能够软化肉质，使肉类中的优质蛋白更容易被人体吸收；在餐后食用菠萝，还有助于人体消化、解除油腻，减少对脂肪的吸收，这对于无肉不欢的女性来说，真是一件天大的美事。

8. 大白菜

大白菜的膳食纤维可促进胃肠蠕动，有利于排除体内垃圾及毒素，维持内分泌平衡，有祛除脸部痤疮、瘦脸等功效，还能使皮肤嫩白、靓丽。

9. 辣椒

辣椒含有丰富的钾，能有效消除浮肿。此外，辣椒中含有辣椒素，能够刺激人体的肾上腺，进而加快新陈代谢进程，通常在第一道吃含有辣椒的菜肴，就可以更好、更快地消耗掉多余的热量。在消耗热量的过程中，辣椒还能帮助身体生产出两种活性酶，这两种酶在促进脂肪细胞分解的同时，能够增强排便感，增加排便次数，这样就能很好地达到排毒的作用。

10. 核桃

核桃中所含丰富的单不饱和脂肪酸和维生素E、K、A、D等及酚类抗氧化物质，能消除面部皱纹，防止肌肤衰老等功效。除此之外，核桃还能够促进人体的新陈代谢，有利于体内毒素的排除，从而达到减肥的效果。

11. 牛蒡

牛蒡富含蛋白质、铁和B族维生素，牛蒡纤维可促进大肠蠕动，帮助排便，降低体内胆固醇，减少毒素、废物在体内积存。

（四）不会堆积脂肪的肉食

追求纤瘦体形给爱吃肉的MM出了难题，那么你知道吗，其实在减肥行动中，你完全可以既满足良好的

食欲，又顺利地进行减肥大业。以下所列举的肉类食品，就非常适合正在减肥的淑女食用：

1. 兔肉

兔肉与一般畜肉所含的成分有所不同，其所含的

蛋白质较多，在每100克兔肉中含有21.5克蛋白质、0.4克脂肪、83毫克胆固醇，此外，兔肉还含有丰富的卵磷脂。由于兔肉含蛋白质较多，营养价值较高，含脂肪较少，是减肥期间最为适宜的理想肉食。

2. 牛肉

牛肉的营养价值仅次于兔肉，在每100克牛肉中含蛋白质20克以上，牛肉蛋白质所含的必需氨基酸较多，而且含脂肪和胆固醇较低，因此，特别适合胖人和高血压、血管硬化、冠心病和糖尿病病人适量食用。

3. 鱼肉

鱼肉含有多种不饱和脂肪酸，具有很好的降胆固醇作用。在减肥期间，进食鱼肉既能有效避免肥胖，又能防止动脉硬化和冠心病的发生。

4. 鸡肉

据统计，在每100克鸡肉中所含有的蛋白质含量高达23.3克，但脂肪含量只有1.2克。在减肥期间适当吃些鸡肉不但有益于人体健康，而且也不会造成肥胖。

5. 瘦猪肉

瘦猪肉中所含的蛋白质含量较高，在每100克瘦猪肉中可含有高达29克的蛋白质，但其所含的脂肪含量却是非常低的，每100克瘦猪肉脂肪含量仅为6克，而且在经过煮炖之后，脂肪含量还会降低。因此，瘦猪肉也较适合在减肥期间食用。

6. 虾肉

虾是一种无脂肪、高蛋白的健康食品。它不仅不会造成肥胖，还能够补充很多人体需要的维生素、矿物质。

在减肥期间食用上述肉类还应特别注意一点，烹饪的方式尽量以水煮、清蒸为宜。

三、吃出精致小脸

瘦脸除了需要下力气去做瘦脸瑜伽、瘦脸操、瘦脸按摩之外，还可以轻松地吃出小脸来，只要选对正确的食物，你可以通过饮食拥有精致小脸，这对拥有胖胖脸的懒美眉来说无疑是最好的瘦脸法了。

（一）瘦脸的饮食法则

很多MM都不会重视饮食习惯对瘦脸的功效，下面的几个建议从饮食习惯入手，完全可以让你通过饮食变成瘦脸小美人。

1. 喝水消除脸部浮肿

每天坚持喝一定量的水，能够帮助脸部消除浮肿。每天普通杯子8杯水就可以了。如果不喜欢喝平淡无味的清水，那么在水中放入适量的柠檬片也是不错的调剂方法。但是值得注意的是，这里指的清水绝不包含咖啡、茶、苏打水或水果汁等饮品，因为这些饮品可能带来你瘦脸计划之外的热量。当然，不是所有的人都能够承受每天8杯水的量，有肾脏病和肾功能不正常的人，不要随意增加饮水量，是否增加饮水量、增加多少须遵医嘱。

2. 禁止酒精摄入

无论啤酒、白酒、洋酒，还是其他任何形式的酒精饮料，都会造成面部浮肿、脸部皮肤松弛等情况。因此，要想依靠饮食达到瘦脸的目的，那么，就必须禁止酒精摄入体内。

3. 控制盐分的摄入

每天摄入的盐分越多，意味着脸部浮肿的可能性越大。因此，应少吃罐装食物、腌制的鱼、香肠、熟肉、薯片等盐分比较高的食物。

4. 多吃消除脸部肿胀的高钾质食物

高钾质食物和能够帮助正常牙齿咀嚼咬合的食物，都是瘦脸的必要元素。钾质可以促进体内代谢功能，排除因为不当饮食或生活习惯所产生的脸部肿胀问题，高纤维质的海藻类、豆腐、豆干及青菜水果，都是瘦脸的不错选择。

5. 细嚼慢咽

牙齿的咬合动作，可以使整个口腔的肌肉运动起来，这可以有效地达到瘦脸目的。但是，并不代表所有的咀嚼方式都能够瘦脸，那些不正确的咀嚼方法不仅达不到瘦脸目的，还可能影响到左右脸部的匀称，甚至会使腮帮变得特别突出，这样即使吃得再少，也一样不会拥有小脸！瘦脸正确的咀嚼方法是：一口食物能够在牙齿两侧细嚼15~25次，而且要细嚼慢咽，这样才能让脸形越来越小。

（二）自制瘦脸美味菜肴

造成脸部突出的原因很多，并不是依靠单纯节食就能够在短时间内瘦下来。除了进行适量的运动健身外，将食物吃对、吃好也是瘦脸的关键法宝。

1. 绿豆薏米粥

选用材料：

绿豆20克，薏米20克。

制作方法：

（1）将薏米及绿豆洗净，然后用水浸泡整夜。

（2）将浸泡好的薏米和绿豆捞出，放入新的水，用大火烧开。

（3）烧开后就用小火煮至熟透即可食用。

绿豆和薏米都能够利尿，从而改善水肿的现状。薏米还具有美白的功效，能够减少脸上黑色素的沉淀，绿豆则有解毒的效果，可以促进体内毒素尽快排除。

2. 苦瓜瘦肉汤

选用材料：

猪瘦肉250克，苦瓜400克，盐适量。

制作方法：

（1）将苦瓜去瓤切成块，猪瘦肉也切成块。

（2）锅中放水煮开后，放入苦瓜、瘦猪肉炖煮约20分钟。

（3）可以加入牛肉块一同炖煮，加少许盐，待牛肉煮透即可起锅食用。

具有消火解热的作用，苦瓜还有去脂之效。

3. 西瓜雪泥

选用材料：

西瓜300克，白糖10克，冰块适量。

制作方法：

（1）将西瓜去皮切成小块。

（2）将冰块及西瓜一同放入果汁机内搅打均匀。

（3）加入白糖拌匀即可。

西瓜具有非常好的利尿功效，能

够促进体内水分的排出。但是市场上买的西瓜果汁热量很高,喝这样的饮品照样瘦不下来。所以,最好自制西瓜汁,以加冰块为主,对于去脂很有帮助。

小贴士

苹果和西洋芹都含有大量的钾,钾能有效消除脸部浮肿,祛除脸部脂肪,二者结合瘦脸功效更进一层。

5. 薄荷蔬菜沙拉

选用材料:

薄荷叶20克,优酪(小)1瓶,生菜叶100克,熟玉米粒15克,小黄瓜5克,西红柿2个,熟鸡肉丁10克,红、黄、绿三椒丝少许,盐、胡椒适量。

制作方法:

(1) 先把薄荷叶切碎,与优酪、盐、胡椒一同拌匀。

(2) 把生菜叶排放于盘底,放少许熟玉米粒,再加入小黄瓜、西红柿、三椒丝。

(3) 把熟鸡肉丁炒熟拌入,淋上薄荷优酪酱汁即可。

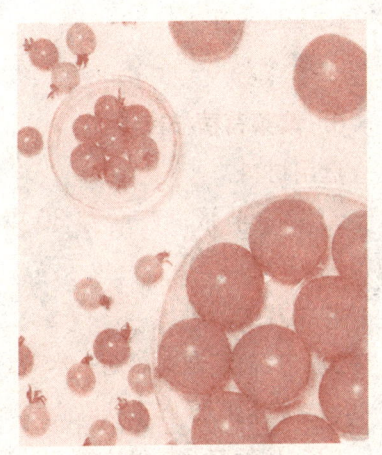

4. 苹果西洋芹沙拉

选用材料:

苹果3个,西洋芹200克,圣女果4个,沙拉酱适量。

制作方法:

将新鲜的苹果、圣女果和西洋芹洗净,切片之后用冰水冲,使其更具清脆口感,拌上沙拉酱,美味又健康。

小贴士

薄荷清热解暑,蔬菜则能够有效地减少脸部皱纹和脂肪。

6. 玉米蔬菜沙拉

选用材料:

熟玉米粒200克,紫色甘蓝100克,葡萄干、橙子肉、盐、糖、醋、胡椒、沙拉酱、食用橄榄油适量。

制作方法：

（1）将紫色甘蓝洗净切丝备用。

（2）将其他主料与切好的甘蓝丝混合，然后加入调味料拌匀即可。

玉米可以去除角质、斑点，和蔬菜混合能够有效地瘦脸。

7. 凉拌菠菜

选用材料：

鲜菠菜600克，盐、葱、麻油、姜、酱油适量。

制作方法：

（1）将菠菜洗净切成段状。

（2）锅中放水，煮滚时放入菠菜，将菠菜烫软后取出，沥干水分。

（3）将葱姜切成细丝。

（4）将碗中放入盐、酱油、麻油、葱丝与姜丝，拌匀。

（5）将调好的酱汁淋在菠菜上即可。

菠菜有美白、紧肤、消除脸部浮肿、去痘的美容效果。

8. 紫菜苜蓿核桃卷

选用材料：

紫菜皮半张，苜蓿芽30克，熟核桃10克。

制作方法：

（1）苜蓿芽洗净后沥干水分。

（2）核桃压成碎末状。

（3）苜蓿芽及核桃末铺在紫菜皮上，卷起即可食用。

美白，消除脸部脂肪，抗衰老。

9. 黄瓜花生肉丁

选用材料：

黄瓜1根，猪瘦肉60克，花

生60克,盐、淀粉、姜片、酱油适量。

制作方法:

(1) 黄瓜洗干净切成小丁。

(2) 猪瘦肉切成小丁,用酱油、盐、淀粉腌好。

(3) 油锅烧热,放入猪瘦肉丁与姜片快炒取出。

(4) 以锅中余油炒黄瓜与花生,加些清水,用大火快炒。

(5) 放入猪瘦肉丁,加入酱油与盐,快炒至熟透起锅。

小贴士

花生含有丰富的钾,能消除脸部浮肿。此外,该款菜肴还使皮肤细腻有光泽。

10. 白菜炖豆腐

选用材料:

大白菜250克,豆腐80克,姜片5克,酱油、盐适量。

制作方法:

(1) 将大白菜洗净切成小段,豆腐切成块状。

(2) 锅烧热后加油,放入姜片爆出香味,放入大白菜略炒,加入酱油拌炒一下。

(3) 加入豆腐,加些清水盖过大白菜,用盐调味,再焖煮数分钟即可起锅。

小贴士

白菜和豆腐和在一起能够有效祛除脸部脂肪,还具有润泽与美白皮肤的功效。

(三)自制瘦脸蔬果汁

多吃蔬菜和水果有助于减去全身脂肪,对减去脸部脂肪效果更好。可是胃口有限,无法一下子吃掉大量的蔬果。将蔬菜和水果打成汁,就能够轻松"喝掉"更多的营养,而且这些营养更容易被人体吸收,如果连渣一起饮用,瘦脸的作用更佳。

1. 西红柿菠萝汁

选用材料:

西红柿2个,白糖1大匙,菠萝3片,水适量。

制作方法:

(1) 西红柿洗净去蒂切成块状,菠萝洗净切成块状备用。

(2) 将西红柿，菠萝放入果汁机中，倒入白糖，再加入适量水，一起打成果汁。

(3) 打汁完成后去渣即可饮用。

西红柿有大量的茄红素和维生素，能够美白肌肤，抗老化。

2. 草莓牛奶

选用材料：

草莓15颗，蜂蜜2大匙，牛奶半杯。

制作方法：

(1) 将草莓洗净去蒂，放入果汁机中。

(2) 加入牛奶和蜂蜜，打成果汁即可饮用。

牛奶可以帮助消化，与草莓在一起搭配还有美白、滋润肌肤的功效。

3. 酸奶果冻

选用材料：

柳橙汁1杯，蜂蜜适量，酸奶2杯，果冻粉适量。

制作方法：

(1) 将柳橙汁与酸奶充分混合，调入蜂蜜搅拌混合。

(2) 将果冻粉泡热水，充分搅拌均匀，将果冻水加入柳橙酸奶汁中。

(3) 趁混合果冻汁尚未凝固时倒入杯中，冷却或冰镇后即可食用。

酸奶能够使皮肤美白光滑，去除脸部油脂。

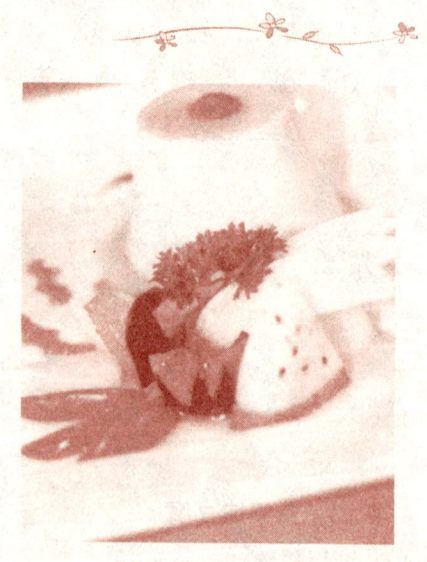

4. 黑豆浆

选用材料：

黑豆60克，清水500毫升。

制作方法：

(1) 将黑豆洗净后用清水浸泡

隔夜。

(2) 将浸泡的水倒掉,再将黑豆放入果汁机里搅碎。

(3) 用过滤袋将豆渣滤出,豆浆再加热烧开即可。

黑豆本身就有利尿的功效,帮助人体取出多余水分,达到瘦脸的效果。

5. 清凉杨桃饮

选用材料:

杨桃1个,橙子1个,柠檬1/4个,蜂蜜适量。

制作方法:

(1) 材料洗净,杨桃切块,橙子、柠檬榨汁。

(2) 将杨桃放入榨汁机中搅打均匀,调入蜂蜜、橙汁和柠檬汁即可。

杨桃含有充足的水分,能够排毒利尿,清除因肺胃积热而形成的脸部肥胖。

6. 果汁牛奶

选用材料:

草莓30克,苹果40克,木瓜80克,芭乐(番石榴)25克,葡萄30克,即溶燕麦片15克,低脂鲜奶120毫升。

制作方法:

(1) 草莓洗净去蒂;苹果、木瓜、芭乐洗净切细丁;葡萄洗净备用。

(2) 将即溶麦片置于碗中,倒入低脂鲜奶拌溶后,将所有材料一起放入果汁机中打匀即可。

葡萄洗净后不必去皮即可放入果汁机中打汁,因葡萄皮及葡萄子含有丰富的维生素及纤维质,是瘦脸美容的圣品。

四、吃出纤细臂膀

很多淑女由于受到美食诱惑，而变成令人嘲笑的"小胖妞"。于是，深受其害的她们又采取了极端的方式，来对抗这个美丽的"恶魔"，那就是节食！节食减肥，似乎就成了瘦身美丽的唯一话题。可是，食物毕竟是维持人体正常运作的动力，如果将手臂发胖的原因都归咎于食物未免有些不公平。其实，只要选择健康的营养大餐，科学的饮食方式，以及对待食物的正确心态，那么一定能够让你吃出完美的纤细臂膀。

（一）纤细臂膀的饮食原则

女人的美丽是吃出来的，但是这种"吃"并不是暴饮暴食，也不是三天饱餐两天饿肚，更不是不分时间傻头傻脑地吃，而是应当有选择地、有节奏地、有计划地吃。同时，不能只追求无限的瘦臂效果，还应当注重对身体的调养，否则女人就会像一朵失去了根须的花，过早凋零与衰败。其实，瘦身与调养并非两个相悖的概念，只要在注意各种营养的均衡摄取的同时，重点选择一些具有消脂、消水肿的食物，即使不刻意节食也能让臂膀恢复纤细、健美的状态。

1. 饮食瘦臂不一定需要节食

不少女性一提起手臂减肥，第一个反应就是节食、少吃东西，如果你也是这么想的，就说明你对手臂减肥并不了解。这是因为，手臂与腹部不同，即使因为节食而使体重减轻了，也不会使手臂发生任何改变。毕竟手臂等局部减肥不是减去重量，而是要将手臂皮下组织中的多余脂肪"赶走"，然后将手臂上的松软的"浮肉"变成紧致的肌肉。这样一来，即使体重没有发生改变，整个人也会因为苗条健美的臂膀而显得清瘦，且精神十足。

2. 暴饮暴食对手臂的危害更大

虽然节食并不能使粗壮的手臂

恢复苗条健美的形态，但是暴饮暴食却会给你的"胖"手臂雪上加霜。众所周知，当人体摄入过多的热量后，如果新陈代谢不畅，多余的热量就会因为"无路可走"，只能转化为脂肪堆积在人体各部位，手臂也不会得到"幸免"。尤其是手臂特殊的"位置"，很容易让人忽视它的发胖，当人们将注意力集中在腹部或者大腿，并费尽心机地采取各种减肥方法时，手臂就成了"漏网之鱼"，在遗忘中日渐"壮大"。

3. 一天500千卡不如一天1000千卡，减少手臂发胖机会

为了减肥，一天只吃一餐，可是身体非但没有瘦下来反而越来越胖，尤其是手臂上的"拜拜肉"变得更加可观。出现这种情况的原因很多，不仅与身体储存脂肪有关，有时还与每日的摄入热量有密切联系。根据有关节食减肥的研究显示，一天只吃一餐（每餐500千卡的热量），与一天吃四到六餐累计1000千卡的总热量相比，在最初虽然脂肪的消耗较大，不过经过一两周的时间后，身体就会采取应急措施，将食物全部转化为脂肪储存在身体各部位，或者降低细胞代谢率以减少能量的消耗。节食的时间越久，细胞代谢就越慢，脂肪燃烧得越慢，到最后即使每天只吃一点点东西，身体尤其是手臂就会不停地发胖，这也正是平时胖人常说的"喝凉水都会胖"的主要原因。

由此可见，想要靠饮食瘦臂，也需要一定的技巧。健康专家建议，饮食瘦臂减肥期间每天食物热量不应低于1000千卡，目的有二：避免"激怒"手臂"长"出更多的脂肪；分散摄入脂肪以维持代谢率，以便能燃烧掉手臂上原有的脂肪。

4. 健康饮食还要配合针对手臂的有氧运动

针对个人体质开始实施健康饮食后，在最初两周，手臂脂肪的下降与消耗都是最快的，但时间越久，尤其超过6个月之后，人体的细胞代谢率就会变慢，手臂的减肥效果都不再明显，甚至还有停滞、反弹的迹象。如果在这段时间每周进行3次以上的持续性针对手臂的有氧运动，就能够一直维持快速的代谢率，体内脂肪迅速燃烧，就能与身体肥胖部位特别是最难减的手臂说再见了。

5. 瘦臂饮食应因人而异

手臂肥胖是由不同原因造成的，因此肥胖的类型也不尽相同，想要能够在最短时间内获得最大成果，就必须"对症下药"——吃对食物，才能达到

最满意的瘦臂效果。

进行手臂运动之前,应当根据不同类型的"胖手臂"采取不同的运动方式;同样饮食也是如此,不同的类型吃不同的食物,能够起到更好的"疏导"作用。

(1)脂肪型胖手臂。导致手臂脂肪过多的饮食原因主要是平日进食较多油腻、高热量等食物,当人体无法消耗完之后,除了一部分被囤积在大腿、手臂、腹部等部位,还有一部分油脂被释放到血液中,造成血液循环不畅,影响脂肪代谢率,使更多的脂肪聚集在手臂部分。因此,在饮食方面应当减少红肉(牛、羊、猪肉)的摄入,应以白肉(鸡、鸭、鹅等禽类)为主;多吃新鲜的蔬菜和水果,以代替甜食、坚果、油炸食品等不易消化的高淀粉类食物。此外,在三餐前30分钟冲泡绿茶饮用,不仅可以增加饱腹感,还能降低对油腻食物的"欲望"。

搭配比例:蛋白质40%,碳水化合物40%,油脂20%。

(2)水肿型胖手臂。除了姿势不正确外,水肿型手臂还可能是因为平日吃盐过多或者睡觉前饮水,从而造成血液循环以及代谢不畅引起的,所以在制定饮食计划时,应当将高盐的食物剔出你的菜单中,取而代之的是清淡、爽口的菜肴。此外,对于饮水较多的女性,除了要控制每日尤其是临睡前的饮水量外,还要多吃一些能够消除水肿的食物,如冬瓜、菠菜、西瓜、梨、姜汤、绿茶、红豆、薏米、猪腰、豆类等。

在水肿消除后,短时期内也应坚持低盐饮食,同时可适当增加一些营养丰富的食物,如含有不饱和脂肪酸、淀粉以及蛋白质的瘦肉、鱼肉、粗粮以及豆类和纤维较高的蔬菜和水果,帮助消化液分泌,将多余垃圾和水分排出体外。

搭配比例:蛋白质30%,碳水化合物40%,油脂30%。

(3)肌肉型胖手臂。肌肉型手臂主要是由于大量运动造成的,虽然脂肪比较少,但一旦停止运动,又不改变以往的饮食习惯,热量很难消耗,使脂肪大量增加并囤积在经常运动的部位,如手臂,就会造成手臂肥胖。因此,这种类型的人应当适当减少进食量,最好在1个月内进行3~7天的断食法,将部分脂肪代谢掉,生成肌肉。在恢复饮食后,平时只吃7分饱,口味应清淡。下午三点之后用蔬菜水果代替油炸食物或者甜点,晚餐尽量少吃肉,以素食为主。

搭配比例:蛋白质20%,碳水化合物50%,油脂30%。

（二）自制瘦臂美味菜肴

1. 苹果小米粥

选用材料：

苹果2个，南瓜200克，红糖、枸杞、小米各适量。

制作方法：

（1）材料洗净，苹果、南瓜切块，小米在锅中浸泡20分钟。

（2）将锅移至火上，大火煮沸后放入南瓜煮数分钟，然后再倒入苹果和枸杞。

（3）待煮至米粒开花、苹果熟软后，调入适量红糖。

苹果与小米都具有养护肠胃的作用，煮粥能够改善肠胃不适等症状、有助眠、镇静的作用，除了有减臂肥胖作用之外，还适合睡眠不良、脾胃虚弱的女性长期做调理养生之用。

2. 自制苹果酱

选用材料：

苹果数个，麦芽糖适量。

制作方法：

（1）苹果洗净，去核，用榨汁机打成果泥。

（2）锅中加入适量麦芽糖，放入苹果泥，大火煮沸后撇去浮沫，转中小火煮30分钟。

（3）煮的过程中注意不断地搅拌，熄火后晾凉，装入瓶中冷藏食用。

自己亲手制作的苹果酱不含防腐剂和大量的糖，又营养又好吃，抹在面包上或者与酸奶混合，不用担心会发胖。

3. 红糖西瓜翠丝

选用材料：

西瓜皮、红糖各适量。

制作方法：

（1）将西瓜皮去掉绿色的外皮和红色的瓜瓤，只留下白色的部分，切成丝装入盘中。

（2）撒入适量的红糖，拌匀后放入冰箱冷藏，1

个小时后即可食用。

西瓜皮的利尿排水功效比瓜瓤强,其清凉爽口的口感最适合夏天食用,既可以作为美味又无负担的下午甜品,又能消除胖胖的手臂,一举两得。

4. 西瓜西米露

选用材料:

西瓜果肉500克,西米、冰糖各适量。

制作方法:

(1)将西瓜果肉一半打成汁,一半切成薄片。然后将西米、冰糖放入水中,煮至半透明。

(2)将西瓜汁和西瓜肉倒入西米浆中,混合即可食用。

制作方法:

(1)材料洗净,西瓜皮取白色部分,切成细条;西红柿切片,鸡蛋打散。

(2)锅中加水适量,放入西瓜皮煮沸,然后放入西红柿片,小火煮10分钟,淋入鸡蛋液,调味后食用。

西瓜富含水分和氨基酸,能减轻肾脏的负担,并将身体中的多余营养和有害物质迅速排出体外。

西瓜皮蛋汤能够有效消除水肿、降低血压、清除黄疸,除了具有瘦臂作用外,对高血压、黄疸性肝炎、糖尿病、口舌生疮等病症也有较好的辅助疗效。

5. 西瓜皮蛋汤

选用材料:

西瓜皮200克,鸡蛋1个,西红柿1个,盐、鸡精、香油各适量。

6. 菠萝豆花

选用材料:

菠萝200克,豆腐100克,圣女

果、盐、冰糖、青豆、水淀粉各适量。

制作方法：

（1）材料洗净，菠萝肉切小块，放入盐水中浸泡10分钟。

（2）豆腐切丁，圣女果切两半，将豆腐丁、青豆放入锅中，加水适量，小火煮沸。

（3）将菠萝肉、圣女果、冰糖放入锅中续煮，出锅前勾芡。

小贴士

菠萝含有丰富的酵素，能够有效地分解脂肪，让渴望拥有苗条手臂的女士们能够如愿以偿。此外，菠萝能够促进钙质的吸收，而豆腐中含有丰富的钙质，二者同食可以预防骨质疏松。

7. 嫩姜菠萝羹

选用材料：

菠萝50克，嫩姜75克，白糖、玉米淀粉各适量。

制作方法：

（1）材料洗净，菠萝切丁，嫩姜切片。

（2）锅中加水适量，放入姜片煮10分钟，然后放入白糖、菠萝丁，煮沸后勾芡。

小贴士

除了减肥之外，在感冒的时候也可以饮用嫩姜菠萝羹，它能够解毒杀菌、促进血液循环，起到发汗解热的作用，从而改善身体局部血液循环，消除炎症和身、手臂浮肿。

8. 菠萝杏仁羹

选用材料：

菠萝500克，杏仁粉100克，冰糖适量。

制作方法：

（1）锅中加水适量，大火煮沸后将杏仁粉慢慢倒入锅中，并搅拌均匀。

（2）菠萝肉切丁，与冰糖放入杏仁羹中，再次煮沸后熄火。

杏仁在所有坚果中膳食纤维最多,具有很强的饱腹感,只要吃几颗就会感觉很饱,与菠萝搭配有助于将手臂多余脂肪和水分排出体外,并能充分发挥滋养与美白皮肤的作用。

9. 菠菜红枣羹

选用材料:

菠菜50克,红枣5个,大米60克。

制作方法:

(1)材料洗净,菠菜在盐水中焯烫后切碎,红枣去核,大米浸泡后碾碎。

(2)将大米和红枣入锅,加水适量熬煮成粥;放入菠菜再次煮沸。

常用菠菜红枣熬粥食用有补血安神、补中益气的作用,不仅对肠胃失调引起的手臂脂肪积聚异常有一定的帮助,对于脾胃气虚、血虚萎黄、血虚失眠多梦等症也有一定的辅助治疗。

10. 菠菜拌海带

选用材料:

菠菜300克,海带200克,海米、糖、盐、海鲜酱油、香油各适量。

制作方法:

(1)材料洗净,菠菜焯烫后切段,海带泡发后切段、焯烫,海米泡发。

(2)将菠菜中的水分挤出,与海带拌匀,晾凉后调味,最后撒海米。

菠菜富含铁质,能够补血,海带能净化血液,二者同食能减少人体各部位的脂肪沉积,堪称瘦臂消脂的美食佳品。

(三)自制瘦臂蔬果汁

1. 胡萝卜菠菜汁

选用材料:

胡萝卜100克,菠菜50克,凉开水、盐各适量。

制作方法:

(1)材料洗净,胡萝卜切丁,菠菜焯烫后切小段。

(2)将材料放入榨汁机中,加水搅打均匀,调入盐即可。

小贴士

菠菜和胡萝卜含有类胡萝卜素，能够保护视力，防止视网膜退化。

类胡萝卜素进入人体后，还能转化为维生素A，适量摄取能清除肠道内的毒素，减缓皮肤老化，并且帮助人体制造抗体，增强抗病能力。

2. 木瓜蜂蜜糖水

选用材料：

木瓜1个，蜂蜜、凉开水各适量。

制作方法：

（1）木瓜洗净、削皮去子，切成小块，放入榨汁机中。

（2）加水搅打均匀，调入蜂蜜即可饮用。

小贴士

木瓜中含有活性酵素，不仅能够分解蛋白质和碳水化合物，还能促进脂肪分解，并及时将多余的脂肪排出体外，消除赘肉，从而达到瘦臂的目的。

3. 西芹苹果红椒汁

选用材料：

西芹、苹果各50克，红甜椒30克，蜂蜜、凉开水各适量。

制作方法：

（1）材料洗净，西芹、苹果切块，红甜椒去子切块。

（2）将蔬果放入榨汁机中，加水搅打均匀，调入蜂蜜即可。

小贴士

经常饮用能够起到健胃消食、通肠润便的作用，能将体内的有害物质清理出去，让身体保持健康的状态。

4. 丝瓜芦笋汁

选用材料：

丝瓜250克，芦笋50克，凉开水、盐各适量。

制作方法：

（1）材料洗净，丝瓜、芦笋削皮，切小块，放入榨汁机中。

（2）加水搅打均匀，调入盐即可饮用。

小贴士

丝瓜有清热除烦、生津止渴的功效，对夏季炎热引发的心脑血管疾病有较好的缓解作用。

丝瓜还能通利肠胃，对改善高血压、便秘导致的血压不稳定、情绪波动较大也有较好的效果。

5. 黄瓜甜椒汁

选用材料：

黄瓜1根，红甜椒20克，蜂蜜、凉开水各适量。

制作方法：

（1）材料洗净，黄瓜切块，甜椒去子切丁。

（2）将材料放入榨汁机中，加水搅打均匀，调入蜂蜜即可。

小贴士

甜椒含有丰富的维生素，能够调节人体新陈代谢，促进血液循环，增强人体抗寒能力，适合压力过大、生活不规律导致的神经失调、末梢血液循环不良的寒症人群食用。同时还可缓解失眠、焦躁、头疼等症状，对皮肤、骨骼也有保健作用。

6. 玫瑰花饮

选用材料：

西红柿300克，黄瓜300克，玫瑰花40克，蜂蜜、柠檬汁适量。

制作方法：

（1）将西红柿洗干净。

（2）将黄瓜洗干净，去蒂，将玫瑰花洗干净。

（3）将黄瓜、西红柿与玫瑰花捣烂，加入温水调匀。

（4）将上述材料用滤网过滤，取出汁。

（5）加入柠檬汁与蜂蜜拌匀即可。

小贴士

玫瑰有去脂、美白肌肤的效果，再配上西红柿、黄瓜、柠檬、蜂蜜美容效果更佳。

五、吃出平坦小腹

不要以为,"吃"只能使身材臃肿、大腹便便。其实,"吃"也能让你拥有平坦、漂亮的小腹。选择健康营养的低热量食物,养成良好的饮食习惯,能够让你在享受美味大餐的同时,拥有迷人的身材,从此不再做"小腹婆"!

(一) 平坦小腹的饮食原则

大部分爱美的淑女,选择节食只是为了找到快速瘦腹的捷径。结果,往往事与愿违,肚子上的脂肪似乎是减下去了,但是皮肤却变得松弛,腹部肌肉也松懈下来,小腹软塌塌的,毫无美感,甚至显得更加臃肿。其实,瘦腹没有那么困难,只要遵循正确的饮食原则,养成良好的饮食习惯,就能够帮助你保持健美、苗条的身材和平坦结实的小腹。

1. 每天要多餐

也许你想不到,节食会令小腹变得更大,这是因为身体一旦吸收不到营养,出于本能就会减少脂肪的消耗,然后将摄入的脂肪都囤积在腹部,摄食越少,体内脂肪的囤积就越多。因此,节食也应当讲究一定的技巧,完全可以换一种方式进食,那就是每日进食的数量不变,但是要将食物平均地分配到五餐或者六餐当中。除了日常三餐外,饭前一小时品尝一小杯开胃酒,吃一些小饼干或者小点心,可以减少饥饿感;在两餐之间喝一杯水果茶、蔬果汁或其他低热量饮料,对加餐来说也不失为一种上佳选择。

2. 自我节制

面对美食的诱惑,如果你没有足够的把握抵抗得住，那么最好不要独自进餐，也不要与有相同"吃好"的朋友或家庭成员共同进餐，因为他们的行为会鼓励你无节制进食。在进餐的时候，每吃一口就将筷子放在桌子上，以便让胃有充足的时间来确认是否已经吃饱。一旦感觉有一些饱足感，立刻将饭菜撤下餐桌或者给自己找点事情做，让脑子里不再总惦记着桌子上的饭菜。

在吃饭的时候还应当细嚼慢咽，细细地品味每一口食物，要知道狼吞虎咽的人不易产生饱腹感，会吃入更多的食物，想要在瘦腹之路上走得更加顺利，就一定要做一个吃饭最慢的人。

3. 不要喝掉多余的热量

俗话说，无酒不成宴，在享受美味佳肴的同时，总离不开美酒与饮料的相伴。可是，吃饭时喝酒和碳酸饮料，不仅没有营养，还会让你喝掉多余的热量。此外，酒精能降低脂肪燃烧的速率，使腹部在不知不觉间胖起来。所以，吃饭时最好不要喝任何东西，如果感觉口渴，可以在饭前喝一碗蔬菜汤。

4. 减少计算卡路里

女人天生对数字不敏感，可是却能够准确地背出每种食物的卡路里，在减肥的过程中严格按照卡路里来摄取热量，虽然可以避免吃下很多高热量的食物，但是也同样会让人在食物面前养成"缩手缩脚"的习惯，这也不敢吃，那也不能吃，一个不小心"节食"就变成了"厌食"。

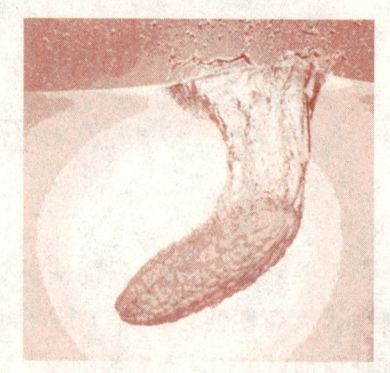

5. 自己动手制作

富含纤维的食物能够使人产生饱足感，作为加餐零食，没有什么比现榨的蔬果汁更为适宜了。自己动手榨蔬果汁，不用担心糖分太多而摄取到过多的热量，还可以根据自己的喜好加入其他材料，不仅口感一流，还有意想不到的养生功效。

6. 适量增加碳水化合物的比例

复合碳水化合物只含有少量脂肪、糖和热量，当人体摄入后，消化系统会缓慢地消化，并逐渐地、平稳地释放其中的能量，使身体始终处于非饥饿状态，这对于控制体重、减少腹部脂肪能起到很好的作用。因此，应当在膳食中适量增加复合碳水化合物的比例，玉米、马铃薯、黑米、粳米等都是复合碳水化合物的最佳来源。

7. 不要让瘦腹变成一种折磨

不要以为瘦腹就是与美食说"拜拜",试想一下,如果让你用人生最大的乐趣来换取减肥的成功,你会觉得这种付出是值得的吗?答案当然是否定的。当你决定开始减肥时,不需要立刻将所有的食物都戒掉,每次只从名单上划去一种,使心理有一个适应期,这样就不会因为一下子戒掉太多的食物而让食欲变得更加强烈了。除此之外,你还可以用其他健康的方式享受你钟爱的美食,假如你喜欢吃炸鸡,不妨将脂肪最多的鸡皮丢掉,然后用纸巾将剩余油脂吸干后再吃。

8. 制定饮食方案要因人而异

时间飞快地流逝,但腹部的脂肪却并没有一起被带走,运动不足、代谢不畅、营养过剩,形成了皮下脂肪堆积,让原本平滑的小腹鼓鼓囊囊、凹凸不平。小腹肥胖的类型不同,每一种类型都有自己的特点,针对不同的肥胖,制定不同的饮食方案,能够收到更满意的瘦腹效果。

(1) 腰身粗壮的人。

腰围变粗的主要原因就是体内营养过剩。这种体型的人饮食上大多以高糖、高脂肪的食品为主,如肥肉、巧克力、油炸食品、干果等,再加上进餐频繁、饮食结构不合理、不喜欢运动等原因,脂肪的聚集更加快速,腰腹部也会明显增粗。因此,在饮食方面应当妥善安排,尽量少吃不容易消化的肉、蛋、零食等不易消化的食物,即使要吃也应当尽量安排在午餐,晚餐用蔬菜和水果来解决。每餐不宜吃得过饱,临睡前3个小时不要吃东西,尤其不能贪嘴吃夜宵。

(2) 大腹便便的人。

造成大腹便便和腰身粗壮的原因差不多,同样是因为平日营养摄入过多,而运动却很少,导致脂肪代谢极慢,多余的热量无法被消耗就会造成"进口"与"出口"偏差较大,致使过多的营养物质聚集在腹部,使小腹几乎在一夜之间"突飞猛进"。因此,想要使身材重新变得苗条,要先从改变饮食习惯入手,坚持"少荤多素、少油少糖"的原则,最好利用周末或者节假日连休的时间,适当地制定一个断食计划,在1~2天内不吃饭或者只吃少量的蔬菜、水果,让肠胃得到充分的休息。

(3) 小腹松弛的人。

除了坐姿不正确外,造成小腹松弛还可能是由于饮水过多引起的。经常坐办公室的人,由于办公环境干燥，常常一杯水接一杯水地喝，以为这样有助于身体补充水分。岂不知过多的水分会增加肾脏和膀胱的负担，并成为造成小腹松弛的罪魁祸首。所以减腹应当对症下药，首先要严格控制每天的饮水量。还应当多吃一些利尿消肿的食物，如冬瓜、薏米、西瓜皮、红豆等。

如果条件允许，最好在早上起来空腹喝一碗汤，如银耳、枸杞和百合，不但能够让沉睡了一宿的肠胃得到滋润，还会加速新陈代谢，从而促进体内废物排出。

（二）自制平坦小腹美味菜肴

窈窕淑女，君子好逑，如果"大腹便便"，当然会非常影响美感。可是为了维持窈窕的身材，就必须要放弃心仪的美食吗？造成小腹突出、大腹便便的原因很多，并不是依靠单纯节食就能够在短时间内瘦下来的。因此，除了进行适量的运动健身外，将食物吃对、吃好也是减掉小肚腩的关键法宝。下面，就为淑女们推荐几道能够瘦腹消脂的菜肴，让你在大块朵颐的同时不用再为肚子发愁。

1. 滑炒鸡腿菇

选用材料：

鸡腿菇500克，胡萝卜1/2根，盐、鸡精、淀粉、香油各适量。

制作方法：

（1）将鸡腿菇、胡萝卜洗净，切成片，用沸水焯一下。

（2）锅内热少许油，放入鸡腿菇和胡萝卜翻炒，待鸡腿菇炒软并出水后，勾芡调味即可，出锅前淋少许香油。

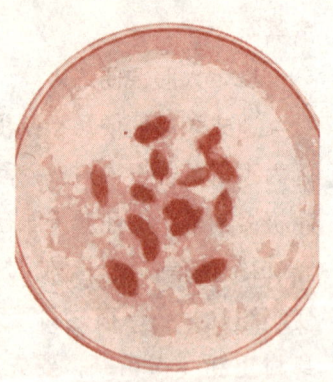

小贴士

鸡腿菇含有大量的植物纤维，对于想要减肥的人来说，热量较低、容易饱腹，即使吃得再多也不用担心会发胖，对于预防便秘也有不错的疗效。

2. 凉拌三丝

选用材料：

海带200克，粉丝250克，胡萝卜1/2根，盐、鸡精、白糖、醋、辣椒油各适量。

制作方法：

（1）胡萝卜去皮、切丝，粉丝用温水泡发，海带洗净切丝，用沸水焯烫。

（2）将胡萝卜丝、海带和粉丝放入盘中，调入盐、鸡精、白糖、醋、辣椒油即可。

小贴士

海带中的纤维是可溶性的，能够被人体很好地吸收，对于想甩掉腹部赘肉的女性来说不妨用海带当作佐餐小菜，它能让你"吃"掉肚子上的脂肪！

3. 青椒魔芋丝

选用材料：

魔芋350克，青椒120克，火腿10克，葱花、姜丝、盐、鸡精、白糖、淀粉各适量。

制作方法：

（1）魔芋洗净切丝，青椒去子后切丝，火腿切丁。

（2）锅中热少许油，放入姜丝、葱花、火腿炒香。

（3）然后加入魔芋丝、青椒丝、盐、鸡精、白糖炒至入味，水淀粉勾芡即可。

小贴士

魔芋富含可溶性半纤维素，在胃内吸水后会膨胀数倍，每次用餐前吃200克的魔芋食品，就可以减少正餐的进食量，不给小腹一点发胖的机会。此外，丰富的纤维素可以解决便秘的难题。

4. 蟹肉烧冬瓜

选用材料：

蟹肉干45克，冬瓜200克，盐、白糖、料酒、姜段、葱片、淀粉、清汤各适量。

制作方法：

（1）将蟹肉放入容器内，倒入清汤，加入葱段、姜片，上锅蒸20分钟。

（2）冬瓜切厚片，用沸水焯一下，捞出备用。

（3）将蒸好的蟹肉连同清汤倒入锅中，调盐、白糖、料酒，然后加入冬瓜，小火煮4～5分钟，水淀粉勾芡即可。

小贴士

蟹肉又被称为无色肉，其饱和脂肪酸以及胆固醇的含量明显低于牛肉、猪肉等红肉，对于无肉不欢但大腹便便的胖人来说，将螃蟹与冬瓜同食更具有减肥、健美的功效。

5. 上汤豆苗

选用材料：

豌豆苗500克，鸡腿菇100克，红甜椒1个，生姜、盐、鸡精、清汤、香油各适量。

制作方法：

（1）豌豆苗洗净后放入沸水焯烫，盛入一个大碗内。

（2）鸡腿菇、甜椒切片，放入清汤中大火煮沸，转小火煮熟后调入盐、鸡精。

（3）将煮好的汤倒入盛有豌豆苗的大碗内，撒少许姜丝和香油即可。

小贴士

俗话说酒肉穿肠过，可是你知道什么东西不仅可以穿肠而过，还能将体内的脂肪、废物一起带走吗？你知道为什么肚子上的赘肉能够凭空消失吗？为什么不

用刻意节食也能自然地瘦下去？这些问题并不难解决，有了身体魔术师——膳食纤维，小肚腩可以轻松减下去。

6. 凉拌双耳

选用材料：

水发黑木耳、银耳各130克，蒜末、剁椒、野山椒、盐、鸡精、白醋、香油、白糖各适量。

制作方法：

（1）将银耳和黑木耳放入沸水中焯烫2～3分钟，然后立刻捞出，放入凉水中浸泡片刻。

（2）将黑木耳、银耳、剁椒和野山椒放入盘中，用蒜末、盐、鸡精、白醋、香油、白糖调成酱汁，浇在拌好的凉菜上即可。

小贴士

银耳和黑木耳中含有丰富的卵磷脂和膳食纤维，卵磷脂能够将囤积在腹部的顽固性脂肪转变为液质状态，使脂肪更容易随新陈代谢排出体外。除此之外，二者还含有丰富的膳食纤

维,有助于肠胃蠕动,促进脂肪排泄,同样有利于消除小肚腩。

7. 凉拌海带

选用材料:

海带130克,大蒜、大葱、香油、醋、鸡精、白芝麻、枸杞各适量。

制作方法:

(1)将海带洗净,切成细丝后放入锅中小火煮半小时,捞出后过凉水,沥干水分。

(2)将大蒜切末,大葱切葱花,然后与香油、醋、鸡精一起调成调味汁,浇在海带上,拌均匀撒白芝麻和枸杞即可。

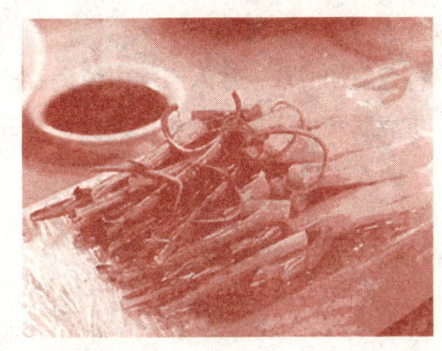

8. 三色芦笋

选用材料:

芦笋350克,青椒2个,红椒1个,盐、鸡精、橄榄油各适量。

制作方法:

(1)芦笋去皮、切成段,青椒、红椒切成菱形片。

(2)锅中热少许油,放入芦笋、青红椒翻炒数分钟,调入盐、鸡精即可出锅。

海带富含碘质,能够促进新陈代谢,对于甲状腺功能低下引起的腹部肥胖有较好的作用。此外,常吃海带还有助于身体多余水分的代谢,对于水肿造成的腰腹部浮肉也有改善的作用。

芦笋富含粗纤维,而且热量低,在提高人体新陈代谢的同时,还能促进体内多余的碳水化合物、脂肪和水分的消耗,使小腹越吃越平坦,被称为减肥族最爱的快速瘦腹菜。

9. 豆腐牛奶汤

选用材料:

豆腐200克,牛奶200毫升,冰糖适量。

制作方法：

（1）将豆腐切成块，放入沸水中焯烫后捞出。

（2）将豆腐和牛奶放入锅中，加少许凉开水，小火煮沸后，调入冰糖即可食用。

小贴士

豆腐含有大量的植物蛋白，食用后具有饱腹感，能够减少对其他食物的摄取。将豆腐与牛奶煮汤食用，还有助于排出多余的水分，提高消化功能，特别是针对腹部的脂肪尤为有效。

10. 咖喱蔬菜汤

选用材料：

圆白菜、西红柿、马铃薯、胡萝卜、咖喱粉、清汤各适量。

制作方法：

（1）西红柿切块，马铃薯、胡萝卜切丁，圆白菜切粗丝。

（2）锅中热少许橄榄油，放入西红柿、胡萝卜丁翻炒。

（3）待西红柿炒成酱状，加入清汤、马铃薯丁、圆白菜，大火煮沸。

（4）撒入足量的咖喱粉，转小火煮，煮的过程中注意不停地搅拌。当所有的材料都煮熟后，根据自己的口味再调入适量盐即可。

小贴士

咖喱粉不同于咖喱块，热量较低，而且能促进新陈代谢，是很好的减腹食品。在做咖喱汤的时候，蔬菜的用量越多越好，如果再适量加入胡椒、辣椒、八角或九层塔等，更能加快消耗脂肪的速度。

（三）自制减腹蔬果汁

多吃蔬菜和水果有助于减肥瘦腹，将蔬菜和水果打成汁，能够轻松"喝掉"更多的营养，而且营养更容易被人体吸收。此外，连搅碎的果蔬渣一起饮用，减腹效果更明显。

1. 菠菜草莓汁

选用材料:

草莓 200 克,菠菜 50 克,葡萄 200 克,蜂蜜、凉开水各适量。

制作方法:

(1) 草莓洗净,放入淡盐水中浸泡片刻;菠菜洗净后切段,葡萄去皮去子。

(2) 将菠菜、草莓和葡萄放入榨汁机中,加水搅打均匀,调入蜂蜜即可。

小贴士

草莓和菠菜都含有丰富的果胶,能够将多余的油脂和胆固醇排出体外,减少腹部皮下脂肪沉积,改善小腹肥胖等问题。

2. 燕麦苹果汁

选用材料:

燕麦 100 克,苹果 1 个,蜂蜜适量。

制作方法:

(1) 材料洗净,将燕麦煮熟,苹果去核切块。

(2) 将苹果、燕麦连同燕麦水放入榨汁机中,搅拌均匀后调入蜂蜜即可。

小贴士

苹果和燕麦都含有丰富的膳食纤维,在不过多摄入热量的同时,还会逐渐消耗自身储存的热量,使身、腹部恢复到平衡的状态。此外,经常饮用燕麦苹果汁还能起到抑制食欲的作用,连渣一起饮用效果更佳。

3. 韭菜菠萝汁

选用材料:

韭菜 50 克,菠萝 100 克,凉开水、蜂蜜各适量。

制作方法:

(1) 材料洗净,菠萝切块,韭菜择净后切段。

(2) 将韭菜和菠萝放入榨汁机中,加水搅打均匀,调入蜂蜜即可。

小贴士

除了消除腹部脂肪之外,韭菜菠萝汁还有一定的消炎杀菌作用,可以提高人体免疫力,同时对习惯性便秘,对高血压、高血脂也有一定辅助疗效。

4. 香蕉酸奶

选用材料:

香蕉400克,酸奶200毫升。

制作方法:

将香蕉去皮切块,放入榨汁机中,加入酸奶搅打均匀即可。

小贴士

腹部总是感觉发胀,有时就算穿上宽松的衣服也无法遮挡凸起的小腹,这些大多是因为肠道内积聚了很多废气造成的。早晨喝一杯香蕉酸奶,有助于刺激肠道蠕动,并释放出体内的废气,小腹自然消下去了。

5. 胡萝卜葡萄汁

选用材料:

胡萝卜1根,葡萄粒10个,温开水、红糖各适量。

制作方法:

(1)材料洗净,胡萝卜切丁,与葡萄一同放入榨汁机中。

(2)加入温开水搅打均匀,调入红糖即可饮用。

小贴士

葡萄含有白藜芦醇,是能降低胆固醇的天然物质,与胡萝卜搭配食用还可以促进血管内脂肪的新陈代谢,减少皮下组织脂肪的囤积,可以减小肚腩。同时,它也是高血脂患者的最好食品之一。

六、吃出美丽翘臀

肥臀是吃出来的,这一点都不夸张。选择健康、合理的饮食,养成良好的饮食习惯,就能够在享受美食大餐的同时,还能减肥瘦臀,拥有迷人的身材。

(一)翘臀减肥的饮食原则

如果你的臀部松垮没有弹性,那么下半身就完全没有美感可言了。很多淑女为了追求曲线完美的翘臀,选择节食减肥法。其实,不要以为瘦臀减肥就是与美食无缘,只要注意饮食的选择与搭配,就可以有效减少臀部脂肪的堆积。

白质，或是热量低且营养丰富的海鲜为主食。豆腐是很好的减肥瘦臀食物，而且豆腐家族的品种层出不穷，烹制方法可谓多种多样，一定让你吃得可口，瘦得舒心。

3. 增加纤维性食物的摄入

在蔬菜方面，南瓜、甘薯与芋头这些蔬菜富含纤维素，可以促进胃肠蠕动，减少便秘几率，进而创造纤瘦且健美的下半身。

4. 增加钾与减少钠的摄入

足量的钾可以促进细胞新陈代谢，顺利排泄毒素与废物。当钾摄取不足时，细胞代谢会产生障碍，使淋巴循环减慢，细胞排泄废物越来越困难；加上地心引力影响，囤积的水分与废物在下半身累积，自然造成臀部肥胖。过量的钠会妨碍钾的吸收，所以必须少吃太咸与太辣的食物，这些都是钠的来源。至于钾的补充，就以青菜、水果为主食吧！糙米饭、全麦面包、豆类与花椰菜，这些食物含有大量的钾元素，有助于排除体内多余水分，令你的下半身更窈窕。

5. 多吃鱼

鱼类不仅热量比肉类低，还含有更丰富的蛋白质、矿物质、维生素与DHA，可以促进新陈代谢与体内脂肪的消耗，有利于减肥瘦臀。

6. 多喝水

水可以清除代谢废物，防止肿胀。建议一天喝一公升到两公升纯水，尽量少喝"水果水"，它会使你不知不觉中吃进不必要的添加物。

1. 减少动物性脂肪的摄入

想让臀部变得结实，避免松弛与下垂，首要的饮食原则是必须减少动物性脂肪的摄取。食用过多的奶油或奶酪，不仅易使血液倾向酸性，让人易于疲劳，也会让脂肪囤积于下半身，造成臀部下垂。尽量以玉米油、橄榄油与葵花油取代动物性脂肪，它们均含有大量不饱和脂肪酸，能让你兼顾美丽与健康。

2. 增加原植物性蛋白质的摄入

最好以大豆之类的原植物性蛋

当你决定开始减肥瘦臀时,不需要立刻将所有的食物都戒掉,每次只从菜单上划去一种,使心理有一个适应期,这样就不会因为一下子戒掉太多的食物而让食欲变得更加强烈。当然,更多能够使你轻松减肥的食物则可以多样选择,以保障身体的健康。

(二)自制翘臀美味菜肴

造成臀部突出的原因很多,并不是依靠单纯节食就能够在短时间内瘦下来的。将食物吃对、吃好,是减掉肥臀的关键之

一。在这里,就向爱美的淑女们推荐几道能够消脂紧臀的菜肴,你可以在家自己动手,做出翘臀美食,既满足了口腹之欲,又能拥有美丽翘臀。

1. 清蒸鲈鱼

选用材料:

松江鲈鱼1条,酱油、黄酒、胡椒粉、香油、葱、丝、红椒适量。

制作方法:

(1)刮鳞去内脏,从鱼的背部划刀,洗净待用。

(2)将鱼平放在大盘上,淋少许酱油、黄酒、胡椒粉和香油,撒上葱丝、姜丝、红椒丝。

(3)放入沸水笼屉,同时蒸上小半碗酱油待用。

(4)大约15分钟后取出,淋上蒸过的酱油即可。

小贴士

鲈鱼是一种既补身又不会造成营养过剩而导致肥胖的营养食物,是健身补血、健脾益气的佳品。

2. 香菇豆腐

选用材料:

豆腐300克,香菇50克,榨菜、酱油、糖、香油、淀粉适量。

制作方法:

(1)将豆腐切成四方小块,中心挖空。

(2)将洗净泡软的香菇、榨菜剁碎,加入调味料及淀粉拌匀即为馅料。

(3)将馅料酿入豆腐中心,摆在碟上蒸熟,淋上香油、酱油即可食用。

小贴士

香菇可降低胆固醇,豆腐有利减肥,所以是臀部肥胖者的理想食品。

3. 鲫鱼豆腐

选用材料：

鲫鱼1条，豆腐1块，油、豆瓣、蒜苗、辣椒粉、花椒粉、姜、蒜、盐、料酒适量。

制作方法：

（1）鲫鱼去鳞剖杀洗净，鱼身两面各斜剖几刀，抹一点盐待用；姜洗净切成小片；蒜切成小片。

（2）豆腐切成块，用开水煮5分钟，移至微火上待用。

（3）炒锅下油烧至六成热，下鲫鱼两面煎黄起锅。

（4）炒锅再下油烧至五成热，下郫县豆瓣、姜、蒜、花椒、辣椒粉，爆香。

（5）放入鱼、豆腐、料酒、味精、蒜苗，加水同煮入味即可。

小贴士

鲫鱼和豆腐都是较为理想的瘦臀减肥食品，组合起来做成的菜肴不仅味美可口，还不用担心发胖。

4. 蟹肉烧冬瓜

选用材料：

蟹肉干45克，冬瓜200克，盐、白糖、料酒、姜段、葱片、淀粉、清汤各适量。

制作方法：

（1）将蟹肉放入容器内，倒入清汤，加入葱段、姜片，上锅蒸20分钟。

（2）冬瓜切厚片，用沸水焯一下，捞出备用。

（3）将蒸好的蟹肉连同清汤倒入锅中，调盐、白糖、料酒，然后加入冬瓜，小火煮4～5分钟，水淀粉勾芡即可。

小贴士

蟹肉又被称为无色肉，其饱和脂肪酸以及胆固醇的含量明显低于牛肉、猪肉等红肉，对于无肉不欢但体形较胖的人来说，经常吃螃蟹既能避免肥胖，又能防止动脉硬化和冠心病的发生，与冬瓜同食更具有瘦臀、健美的功效。

5. 西蓝花大龙虾

选用材料：

龙虾净肉200克，西蓝花75克，龙虾头1个，龙虾尾1个，植物油、盐、料酒、味精、姜汁、高汤蛋清、淀粉适量。

制作方法：

（1）将鲜虾肉切成片，放入碗中，加盐、味精、蛋清、淀粉调匀。

（2）西蓝花撕成小朵，洗净。

（3）高汤入碗内，加盐、姜汁、料酒和成调味汁。

（4）龙虾头、尾上屉蒸透取出。

（5）炒锅倒油烧热，把龙虾肉放入油中，用筷子搅动打散，滑透。

（6）放入西蓝花略炒，一起倒入漏勺控去油。

（7）炒锅放入葱、姜、油烧热，倒入滑好的龙虾肉、西蓝花，烹入调味汁，翻炒均匀即可。

小贴士

龙虾脂肪含量低，易被人体消化和吸收，具有防止脂肪和胆固醇在体内蓄积的作用。

6. 香菇菜花

选用材料：

菜花500克，水发香菇100克，盐、味精、葱、姜、湿淀粉、猪油、鸡汤适量。

制作方法：

（1）将菜花花序老柄去掉，削去花序上的锈斑，切成小朵洗净，放沸水锅内焯3分钟，盛入凉水中浸凉，捞出沥水。

（2）将水发香菇去杂洗净，个大的切成两半。葱切成段，姜切片，拍松。

（3）炒锅放猪油烧热，投入葱、姜煸香，加入鸡汤、菜花、香菇、盐、味精，烧至菜花入味，用湿淀粉勾芡，炒匀后出锅装盘即成。

小贴士

香菇有益气补胃、降脂等作用，可以有效减肥瘦臀。

7. 奶焗鲜贝

选用材料：

立基乳酪丝200克，新鲜干贝16个，香蒜美乃滋200克，巴西里末、白酒、盐适量。

制作方法：

（1）将新鲜干贝洗净擦干，抹上白酒，撒上少许盐备用。

（2）用竹签将干贝串起，每一串4个。

（3）将香蒜美乃滋淋在干贝上，再撒上乳酪丝。

（4）烤箱温度设定为250℃，

再将干贝串放在烤盘上，放入烤箱中烤10分钟左右取出，撒上巴西里末即可。

小贴士

因为贝类也是减肥瘦身的好食品，所以多吃一些鲜贝能起到瘦身的效果。

8. 南瓜饭

选用材料：

南瓜200克，粳米50克，白菜叶100克，食盐、食油和高汤各适量。

制作方法：

（1）南瓜去皮后切成块，白菜叶切细。

（2）白米洗净，加适量水浸泡后，放在普通锅内煮，待水沸后，加入南瓜块煮至米、瓜烂。

（3）再放入白菜叶略煮，加油、盐调味即成。

小贴士

人们常说像什么补什么？南瓜有些像人的臀部，对臀部有一定的功效。南瓜所含成分能促进胆汁分泌，加强胃肠蠕动，帮助食物消化。

9. 滑炒鸡腿菇

选用材料：

鸡腿菇500克，胡萝卜1根，盐、鸡精、淀粉、香油各适量。

制作方法：

（1）将鸡腿菇、胡萝卜洗净，切成片，用沸水焯一下。

（2）锅内热少许油，放入鸡腿菇和胡萝卜翻炒，待鸡腿菇炒软并出水后，勾芡调味即可，出锅前淋少许香油。

小贴士

鸡腿菇含有大量的植物纤维，对于想要局部减肥的人来说，不仅能够预防便秘，而且热量较低、容易饱腹，即使吃得再多也不用担心某些部位会长肉。

10. 苦瓜芋头汤

选用材料：排骨 200 克，苦瓜 200 克，剥皮小芋头 200 克，蟹味菇 50 克，料酒、酱油、盐、姜片、葱花适量。

制作方法：

（1）排骨洗净，与料酒、酱油、盐混合，腌 20 分钟。

（2）锅内放 600 毫升水，排骨、芋头中火炖 30 分钟。

（3）放入苦瓜和蘑菇，根据炖后情况适量加水，小火炖 15 分钟。

（4）盛出，撒点葱花，放点麻油即可。

小贴士

芋头含膳食纤维和钾最多，还含有较多的淀粉，会给人以饱腹感，一次吃得过多会导致腹胀。

（三）自制瘦臀蔬果汁

多吃蔬菜和水果有助于减肥，对减去臀部脂肪效果尤其好。可是胃口有限，无法一下子吃掉大量的蔬果。将蔬菜和水果打成汁，就能够轻松"喝掉"更多的营养，而且这些营养更容易被人体吸收，如果连渣一起饮用，瘦臀的作用更佳。

1. 综合果汁牛奶

选用材料：

草莓 30 克，苹果 40 克，木瓜 80 克，芭乐（番石榴）25 克，葡萄 30 克，即溶燕麦片 15 克，低脂鲜奶 120 毫升。

制作方法：

（1）草莓洗净去蒂；苹果、木瓜、芭乐洗净切细丁；葡萄洗净备用。

（2）将即溶燕麦片置于碗中，倒入低脂鲜奶拌溶后，与做法（1）的材料一起放入榨汁机中打均即可。

小贴士

葡萄洗净后不必去皮即可放入榨汁机中打汁，因葡萄皮及葡萄籽含有丰富的维生素及纤维质，是瘦身美容的圣品。

2. 芥菜圆白菜汁

选用材料：

芥菜、圆白菜各 50 克，荸荠 1 个，凉开水、盐各适量。

制作方法：

（1）材料洗净，芥菜、圆白菜撕成小片，荸荠削皮后切片。

（2）将材料放入榨汁机中，加水搅打均匀，调入盐即可。

早晨喝一杯香蕉豆沙酸奶，有助于刺激肠道蠕动，并释放出体内的废气。

4. 青沁柠檬汁

选用材料：

柠檬汁500克，糖水黄桃200克，玉米粉50克，糖10克。

制作方法：

（1）将糖水黄桃用榨汁机榨成汁。

（2）将柠檬汁、黄桃汁放到锅里用火加热煮开。

（3）倒入用糖水化开的玉米粉，煮至沸腾，并不断搅拌。

（4）冷却后食用。

圆白菜和芥菜中都含有一种抗溃疡成分，能够抑制细菌毒素的毒性，促进创口愈合，非常适宜胃溃疡患者食用。此外，蔬菜中的膳食纤维还能促进肠胃蠕动，并通过稀释毒素来降低致癌物对人体的伤害，从而起到解毒防癌的作用。

3. 豆沙香蕉酸奶

选用材料：

香蕉400克，红豆沙50克，酸奶200毫升。

制作方法：

将香蕉去皮切块，放入榨汁机中，加入酸奶和红豆沙搅打均匀即可。

柠檬不但含有丰富的维生素，还含有独特的柠檬油、柠檬酸。柠檬汁清香可口，是西餐中常备的果品，有"西餐之王"的美誉。柠檬皮具有丰富的钙质，为了使营养价值得到充分的发挥，最佳的食用方法是，连皮榨汁饮用。

七、吃出纤纤细腿

不想再继续拥有大象腿的淑女们，总是误认为吃、喝最容易囤积脂肪，它们会把自己来之不易的减肥成果在此时毁于一旦。因此，进行了"自虐"式的减肥：早餐不吃、午餐少吃、晚餐免除的瘦腿方法，以致自己天天饿得头晕眼花。其实这是错误的，选择健康营养的低热量食物，能够让你在享受美味大餐的同时，纤细玉腿"吃"出来。

（一）瘦腿的饮食原则

时尚的淑女怎能不穿摇曳多姿的短裙、短裤和瘦瘦的铅笔裤呢？可是，腿上的赘肉让人看了实在丧气。你也许试过各种方式，甚至各种减肥药……其实，瘦腿并没有那么严重。告诉你坚持四种饮食原则，纤细玉腿就能"吃"出来！

1. 不要吃让身体感觉寒冷的食物

如果你不想再继续拥有大象腿了，就要让血液循环顺畅。如果新鲜的血液和养分无法送达整个腿部，就会引起腿部肿胀。最重要的是，身体寒冷会使血液循环缓慢，就会导致血液和养分的输送速度减慢，所以应避免摄取过多的凉食。多食用一些可以充分温热身体，促进血液循环，达到发汗作用的食物。

另外，促进血液循环所不可缺少的营养素是维生素E。维生素E能促进血液循环、消除肿胀，并让肌肤光滑不松弛。同时，还可以预防身体酸化，恢复细胞的功能，使瘦腿后的肌肤不至于松弛、干燥及产生皱纹。

2. 不要吃过多食盐

在日常饮食中，如果你过多地

吃盐,就会不利于腿部的健美。因为体内盐分一旦增加,身体要将盐分的浓度调整到一定状态,这就需要大量的水分,从而导致了水分的积存。如果体内多余的水分排泄困难,新陈代谢就会出现问题。因此,用餐时要控制盐量,从调味、吃法及菜单的选择上做起。此外,还要多摄取能帮助你大量排泄体内盐分的食物,如富含钾质的食物。促进排尿在瘦腿过程中也非常重要。你应多选用豆类、冬瓜等利尿的食物,饮料应选择具有利尿作用的茶水而不是果汁、碳酸饮料。

钾是控制盐分所不可缺少的营养素,可以促进体内盐分排泄。比如,富含钾的食物有芹菜、菜花、萝卜、莲藕、西红柿、马铃薯、紫菜、香菇、香蕉等。比起绿、黄色蔬菜,淡色蔬菜反而含有更多的钾质,所以用餐时应均衡摄取。

3. 充分摄取维生素 B

你的腿部一旦积存过多的脂肪就不容易减下来。脂肪和糖分的代谢就靠维生素 B。维生素 B_1、B_2 可以将体内多余的糖分转换为能量、可以促进脂肪的新陈代谢。一旦你的维生素 B 摄取不足,不仅导致腿越来越胖,还会因容易疲倦而引起腰酸背痛等,所以要注意均衡地摄取维生素 B_1、B_2 等。

喜欢吃淀粉类和甜食的人最需要维生素 B_1、B_2,因为维生素 B_1、B_2 可将糖分转变为能量。例如,富含维生素 B_1、B_2 的食物有猪肉、猪肝、黑糯米、花生、脱脂奶粉、全麦面包等。

维生素 B_2 可促进脂肪的新陈代谢,对经常在外食用和在快餐店用餐的人更需多摄取。富含维生素 B_2 的食物有猪肉、肝脏(猪、牛、鸡等都很丰富)、鳗鱼、蘑菇、蚌蛤、腌茄子、木耳、茼蒿、干紫菜。

4. 充分摄取含钙丰富的食物

目前,因瘦腿而造成骨质疏松的年轻女性越来越多。要拥有笔直、匀称的双腿,必须充分摄取足够的钙质。蛋白质及维生素 D 可增加钙质的吸收,所以应多食用富含蛋白质的鱼类及含丰富维生素 D 的笋干。平常应养成食用小鱼干及牛奶的习惯(要减少乳脂肪摄取者,可饮用低脂肪或脱脂牛奶)。为免于运动时骨骼及肌肉受伤,平时要多摄取钙。富含钙质的食物有牛奶、酸乳酪、脱脂牛奶、冻豆腐、虾米、

海藻类、小鱼干、油菜、晒干的鱼、裙带菜等。

（二）自制瘦腿美味菜肴

饮食对于减肥始终都是很重要的一环，而瘦腿当然也要配合专门消除腿部脂肪食物。下面就给你介绍几款消除腿部脂肪的食谱。

1. 香椿鸡蛋

选用材料：

嫩香椿头150克，鸡蛋6个，盐、料酒、植物油各适量。

制作方法：

（1）将香椿头洗净，用开水烫一下，捞出放入冷水变凉，再捞出切末。

（2）将鸡蛋打入碗内，加入香椿、盐、料酒，搅成蛋糊。

（3）炒锅注油烧至七成热，将鸡蛋糊倒入锅内，翻炒至鸡蛋嫩熟，淋上少许熟油，装盘即可。

小贴士

蛋里含有丰富的维生素A和维生素B_2，维生素A给你双腿滑嫩嫩的肌肤，维生素B_2则可消除腿部脂肪。西红柿含有丰富的胡萝卜素、维生素B和维生素C，尤其是维生素P的含量居蔬菜之冠。其中含有的维生素C和芦丁等成分，具有较好的美腿作用。

2. 西红柿炒鸡蛋

选用材料：

鸡蛋3个，西红柿150克，植物油4汤匙，盐、味精各适量，糖1汤匙。

制作方法：

（1）将西红柿洗净后用沸水烫一下，去皮、去蒂，切片待用。

（2）将鸡蛋打入碗中，加盐，用筷子充分搅打均匀待用。

（3）炒锅放油3汤匙烧热，将鸡蛋放入锅中炒熟盛出待用。

（4）将剩余的油烧热，下西红柿片煸炒，放盐、糖炒片刻，倒入鸡蛋翻炒几下出锅即成。注意：炒制此菜时，要旺火速成。虽然这道菜是最普通的家常菜，但炒得好坏一眼可知。

小贴士

西红柿炒鸡蛋是营养素互补很好的实例。在丰富营养的同时，还具有健美抗衰老的作用。鸡蛋中含有丰富的DHA和卵磷脂等，对神经系统和身体发育有很大的作用。鸡蛋蛋白质对肝脏组织损伤有修复作用，蛋黄中的卵磷脂可促进肝细胞的再生。鸡蛋含有人体需要的几乎所有的营养物质。

3. 洋白菜拌小虾米

选用材料：

洋白菜250克，小虾米10克，香油15克，盐2克，酱油10克，白糖5克。

制作方法：

（1）将洋白菜摘去老叶，洗净，掰开，切成块，投入开水锅中焯烫断生，用凉水过凉后，控净水；小虾米用温水发透。

（2）把挤去水的洋白菜放入盘内，摆上发好的小虾米，放入酱油、盐、白糖、香油，拌匀即成。喜食辣的人，可再淋入些许辣椒油。

小 贴 士

洋白菜含有丰富的β胡萝卜素、维生素C、钾、钙。一碗洋白菜的含钙量相当于半杯牛奶的含钙量。β胡萝卜素及维生素C都是抗氧化剂，是美肤的重要法宝；钙是强健骨骼的"最佳搭档"。

4. 西芹百合

选用材料：

西芹200克，鲜百合100克，虾仁200克，胡萝卜花5克，小苏打2克，盐2小匙，味精少量，鸡蛋清1个。

制作方法：

（1）虾仁洗净，吸干水分，用鸡蛋清、小苏打、盐、味精、淀粉拌匀，放入冰箱30分钟后备用。

（2）西芹洗净切段，鲜百合挑选后洗净，放沸水中汆熟待用。

（3）坐锅倒油，滑油至熟，再加入虾仁、西芹、百合同炒，调适味，用淀粉勾芡即可食用。

西芹对心脏不错,又有充沛的钾,可预防下半身浮肿的现象。西芹脆,百合酥,略带点苦味,清凉爽口,含有大量的胶质性碳酸钙,容易被人体吸收,补充双腿所需的钙质。

5. 菠汁羊排

选用材料:

羊排250克,菠菜若干,蒜蓉1汤匙,迷迭香1汤匙,橄榄油2汤匙或百里香1汤匙,粗盐及黑胡椒粉少量。

制作方法:

(1) 迷迭香浸水洗净,用汤匙底部压碎。

(2) 加入其他腌料搅拌均匀,加入羊排腌一小时。

(3) 平底锅煎熟羊排(约每面五分钟)即成。

炒菠菜家家能做,不过菠菜炒得太老会失去许多营养成分,这道瘦腿菜用的是新鲜榨出的菠菜汁,营养全都保留着。羊排鲜嫩,菠菜爽脆,是一道能满足荤菜爱好者肠胃的美腿菜。多吃蔬菜可以使血液循环更活络,将新鲜的养分和氧气送到双腿,恢复腿部元气。

6. 虾米胡瓜

选用材料:

胡瓜六两,虾米五钱,葱末一钱,姜末一钱,盐八分,食油七钱。

制作方法:

(1) 将虾米洗去灰尘放入小碗里,加开水少许(水与虾米平)浸泡。

(2) 胡瓜(如用老胡瓜,要削皮)洗净,切成一寸长、三分宽的长条块。

(3) 锅放在炉火上,放入食油烧热,下葱、姜末炒几下,加入虾米略炒后,放胡瓜、盐,炒一分钟左右即成。

小贴士

胡瓜有利尿、帮助水分排出的效果。其对水肿型粗腿有较好的减肥作用。由于胡瓜本身口味较轻淡,所以可选用一些气味较重的食物来搭配,如虾米、柠檬等,来增加口味上的变化。

7. 当归蒸鲤鱼

选用材料：

鲤鱼1条，当归2钱，川芎1钱，枸杞3钱，黄芪3钱，盐、酒、姜丝、葱丝少许。

制作方法：

（1）当归、川芎、黄芪和枸杞用水、酒两碗煮成八分（可依个人喜好添加）。

（2）鲤鱼洗净，用熬好的汤一起蒸，蒸到鱼熟。

（3）加少许盐，洒上姜丝和葱丝，再将鱼汤淋上几次即可。

小贴士

可补气利水、健脾养颜，对改善下肢循环差、冰冷久坐的手或足部肿胀有很大的功效。对肌肤龟裂和腿部静脉曲张的胀酸也有改善的功能。

8. 木瓜雪蛤汤

选用材料：

木瓜、雪蛤、冰糖适量，牛奶1小碗。

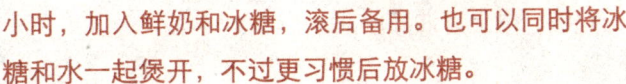

制作方法：

（1）取适量雪蛤加水浸泡8小时左右（时间可自行掌握），雪蛤泡开后呈白色半透明状，松松软软的，除去杂质，过清水备用。

（2）将水烧开后，放入洗净的雪蛤膏煲半小时，加入鲜奶和冰糖，滚后备用。也可以同时将冰糖和水一起煲开，不过更习惯后放冰糖。

（3）将一个大小适中的木瓜顶部切去2/5做盖，挖出木瓜的核和瓜瓤做成盅。将煲好的雪蛤注入木瓜盅内，加盖，用牙签插实木瓜盖，隔水炖一小时即可。

小贴士

木瓜里的蛋白分解酵素、番瓜素可帮助分解脂肪，减少胃肠的工作量，让肉感的双腿慢慢变得很有骨感。吃了太多的肉，脂肪容易堆积在下半身。木瓜香滑，雪蛤晶莹透亮，有润肤养颜的功效。

9. 冬瓜蛤蜊汤

选用材料：

蛤蜊、冬瓜各300克，姜4片，盐1/2小匙，米酒1大匙，香油1小匙。

制作方法：

（1）冬瓜去皮，洗净，切块；蛤蜊洗净，放入盐水中泡15分钟，捞起，沥干；姜去皮，切丝。

（2）烧热锅，放生油，烧至油七八成热时，放葱姜煸香，然后放蛤蜊冬瓜入锅煸炒，至冬瓜吐水、蛤蜊张口时，加黄酒，盖上锅盖略焖。

（3）放鲜汤和豆瓣、海米、扁笋条，盖上锅盖，烧沸后，转用小火烧，至冬瓜酥软，放细盐、味精炒匀起锅，淋上麻油即成。

银耳又名白木耳，是一种胶质食用菌和药用菌，其粗纤维有助于肠胃蠕动，减少脂肪吸收，有推动减少脂肪的作用，兼具去除脸部黄褐斑、雀斑的功效，与其花钱乱吃不可靠的减肥品，不如来点银耳，即使减不了肥，也是一道吃了不长肉的甜品。

在瘦腿食谱中，这款冬瓜蛤蜊汤是一道必不可少的菜。此汤汤浓味鲜、生津解渴、消暑清口。

10. 银耳莲子羹

选用材料：

莲子30克，银耳20克，冰糖30克。

制作方法：

（1）将银耳、莲子，分别用温水发透；银耳去蒂根，撕成瓣，洗净；莲子去芯，冰糖打碎。

（2）将银耳、莲子放入炖锅内，加清水500毫升，放入冰糖，用中火烧沸，文火炖熬1小时即成。

（三）自制瘦腿蔬果汁

蔬果汁是一种集保健、食疗、美容为一体的综合性饮品。经常饮用生榨蔬果汁，不仅可以为人体提供各种基本的营养物质，而且还可以全面地改善人体状况，达到腿部减肥的效果。自制瘦腿蔬果汁简单

易做,既省钱,又方便,又能减掉腿上的肥肉。下面介绍几种自制果蔬瘦腿的方法。

1. 蔬菜苹果汁

选用材料:

白菜200克、苹果2个、芹菜梗1棵。

制作方法:

(1) 将白菜、芹菜梗洗净切碎,苹果切块。

(2) 一起放入榨汁机中榨汁。

小贴士

选择当季的新鲜蔬果,不但营养价值高,而且更美味可口。多种蔬果混合食用,既可以使营养均衡,又可避免因品种单一造成味道欠佳。

2. 猕猴桃西芹汁

选用材料:

猕猴桃100克,西芹50克,菠萝200克,蜂蜜15克。

制作方法:

(1) 西芹洗净,切成小段。

(2) 猕猴桃去皮取瓤,切成小段。

(3) 菠萝切成块。

(4) 猕猴桃块、西芹段、菠萝块放入榨汁机中,加入凉开水一起榨取汁液。

(5) 将榨好的蔬果汁倒入杯中,加入蜂蜜搅拌均匀,即可直接饮用。

小贴士

新鲜蔬果汁含有丰富维生素,若放置时间过久会因光线及温度破坏维生素效力,营养价值变低。因此要"现打现喝",才能发挥最大效用,最多于20分钟内喝完。蔬果汁虽然好喝,但是也要适可而止,不要过多过量地饮用。

3. 苹果薄荷汁

选用材料:

猕猴桃300克,苹果300克,薄荷8克。

制作方法:

(1) 猕猴桃去皮取瓤,切成小块;

(2) 苹果洗净后去核,去皮,也切成小块;

(3) 薄荷叶洗净,放入榨汁机中打碎,过滤干净后倒入杯中;

(4) 猕猴桃块、苹果块也用榨汁机搅打成汁;

(5) 倒入装薄荷汁的杯中拌匀,直接饮用即可。

小贴士

有些蔬果含有一种会破坏维生素C的酵素，如果与其他蔬果搭配，会使其他蔬果的维生素C受破坏。不过，由于此种酵素容易受热及酸的破坏，所以在自制新鲜蔬果汁时，可以加入像柠檬这类较酸的水果，来预防其他蔬果的维生素C受破坏。

4. 猕猴桃香蕉奶酪汁

选用材料：

猕猴桃100克，香蕉80克，奶酪120克，绿茶6克，蜂蜜10克。

制作方法：

（1）将猕猴桃去皮取瓤，对半切开；

（2）香蕉剥皮，果肉切成块；

（3）绿茶磨成粉状；

（4）将猕猴桃瓤、香蕉块、低脂奶酪倒入榨汁机中，搅打成汁；

（5）杯中加入凉开水，倒入绿茶粉，下入蜂蜜调匀，直接饮用即可。

小贴士

添加蜂蜜，不要加糖，可根据个人的口味加入少许酒，柠檬在果汁制好后才加入。

5. 西红柿芹菜汁

选用材料：

芹菜，西红柿，柠檬，蜂蜜。

制作方法：

（1）芹菜、西红柿洗净晾干或用纸吸干水分。

（2）榨汁机清洗干净，将二者放进去，放一勺蜂蜜，一同打成汁后，挤入柠檬汁。

小贴士

有些蔬菜水果效果明显但不一定味道适口，比如芹菜。这时候你可以加蜂蜜来调节口味。一则蜂蜜本身也是健康、养颜佳品，二则它不会像糖那样让人有发胖之忧。

6. 生菜汁

选用材料：

生菜50克，白菜100克，猕猴桃1个，柠檬1/4个。

制作方法：将生菜撕成小块，白菜切成块，猕猴桃和柠檬去皮后切块。全部放进榨汁机中榨汁。

小 贴 士

减肥时要挑选热量低的蔬果来做果汁。许多水果的糖分很高，所以量不能放太多。

7. 冬瓜汁

冬瓜150克，苹果100克，柠檬半个。

制作方法：将冬瓜削皮去子，柠檬去皮，苹果不削皮但要去核，然后切块。全部放进榨汁机榨汁后，上火煮开即可。

小 贴 士

冬瓜可以利尿，是很好的减肥食品，但体质冷的人，不可以吃太多。

8. 苹果莴苣菠萝汁

选用材料：

苜蓿芽50克、苹果100克、莴苣50克、菠萝100克、胡萝卜100克。

制作方法：

(1) 将苜蓿芽用莴苣包起，卷成柱状放入榨汁机内榨汁。

(2) 顺序放入苹果、菠萝、胡萝卜榨汁；榨汁完成后加入柠檬及蜂蜜适量调味即可。

小 贴 士

含维生素A、B_1、B_2、C、蛋白质、果糖、叶酸、钙、铁、磷、镁多种矿物质。适合腿部肥胖者饮用。

Part 3
瑜伽瘦身：懒美人的窈窕之道

　　伴随着韵律操、有氧运动等新兴保健运动的风行，一些古老的健身方式越来越受到人们的关注，最典型的例子是瑜伽。瑜伽是来自印度的古老健身法，练习之后可达到强健肌肉，增加韧性及灵活性的效果，更可保持女性苗条的体态。更吸引众多MM的是，瑜伽不需要大强度的运动，不必满头大汗地爬楼梯，不用气喘吁吁地跑几公里，只要掌握要领，就能在悠闲自得中收获完美曲线。

一、瑜伽瘦身原理

瘦身风潮盛行的今天，很多不喜欢辛苦运动的懒MM都热衷于瑜伽塑身了。闲暇时间，她们在神秘、悠扬、平静的印度乐曲中闭目冥想，在运用气息平衡整个身体系统的同时，燃烧着体内多余的脂肪。那么，瑜伽瘦身到底有哪些原理呢？

1. 调节呼吸

瑜伽是最佳的有氧运动，它透过柔和、缓慢的动作，以及调节呼吸，达到按摩内脏、促进新陈代谢、加速血液循环及按摩淋巴的效果，从而，使得积攒在体内的毒素顺利排出，这样身体也就不会有水肿现象了，也就是说，瑜伽尤其适合虚胖的MM练习。

2. 促进新陈代谢

热衷瘦身的淑女们都知道，引起肥胖的一个重要因素，就是新陈代谢不够顺畅，这也就是为什么身体代谢慢的女性比较容易发胖。瑜伽能够刺激身体的腺体及淋巴，从而达到促进新陈代谢的效果。正确的瑜伽呼吸，能够使肋骨的扩张刺激内脏，让身体的代谢加快，使热量消耗的速度加快。

3. 稳定情绪 缓解压力

瑜伽运动中的深沉呼吸，不但能够有效地稳定情绪，让淑女们不因情绪而引起饮食失调，还能够缓解神经紧张，和控制因肌肉僵硬，而过度担心无法瘦下来的压力。科学地避免了因情绪失控而造成的暴饮暴食现象。

当然，想要拥有完美的身材曲线，最重要的一点，就是要持之以恒。无论是饮食还是瑜伽的练习，都应该一直保持定时、定量的科学状态。每天给自己十几分钟或者几十分钟的时间，放上自己喜欢的音乐，点上精油，练练瑜伽，在享受中达到减肥修身的目的。再铺上瑜伽垫，好好享受这十几分钟或者几十分钟。

二、瑜伽塑造精致小脸

瑜伽讲究与自然相融，通过运动身体和调控呼吸，可以完全控制心智和情感，运用"结合"、"平衡"、"统一"的方式，保持身体健康，排出毒素，保持内脏的和谐运作。此外，脸蛋也可以做瑜伽，很多瑜伽操都是将健美身材与美容脸部合二为一的。当然，拥有胖胖脸的你也可以通过瑜伽来瘦脸，让你重新变成小脸美人！

（一）练习瘦脸瑜伽的注意事项

1. 呼吸均匀

在练习瘦脸瑜伽时，一定要注意调节呼吸，长时间憋气不仅会影响瘦脸效果，而且非常容易造成缺氧现象，从而对身体造成不良影响。

2. 练习瑜伽前清洗脸部

在练习瘦脸瑜伽前，一定要仔细地清洗面部，让瑜伽运动在脸部清洁、光滑的情况下进行，以免造成影响收敛效果，甚至肌肤吸入污垢滋生痘痘的现象。

3. 练习瘦脸瑜伽后注意清洁

在练习瑜伽时，面部会出汗及与垫子或其他物品的接触，所以在练习完毕后应当用温水彻底洁面，以保证毛孔的通畅。不过，练习后不宜立刻洗澡，以免寒气侵体，影响身体健康。

（二）精致小脸的瑜伽动作

1. 反向倒立式

瑜伽包含很多不同的动作，都有不同的针对作用。这套日常的瑜伽瘦脸动作，非常简单。这些小动作有利于极大地改善面部轮廓或皮肤健康，从而减掉你的"大饼脸"。除了可以帮你塑造美丽的小脸外，对皮肤也非常有益，可以使肤色红润好看，使脸部皮肤更加光滑，连粉刺都能消灭掉。

倒立使得平时一直沉积在下半身的血液回流，从而使血液循环变得旺盛，而且还可以促进脸部的血液循环，让皮肤变得更加美丽，并同时可以消除脸部皱纹。

除了瘦脸外，该动作还可以促进肠功能，使得体内垃圾顺利地排出体外，因此对防止面部粉刺有着显著的效果。

步骤一：仰卧后将两脚脚尖并拢，同时抬起腰部，使腿向天花板的方向伸展。

步骤二：脚尖并拢，并且尽可能地抬高上身，使身体和地板垂直成90度。

步骤三：最大限度地倒立，使下巴可以紧靠胸部。

2. 兔子式

通过翻转，使头顶着地，对于改善面部浮肿、松弛，使脸部线条清晰很有效果。除了能消除脸部浮肿外，还能解除眼部疲劳，使脸色变好，表情生机勃勃，光彩照人。

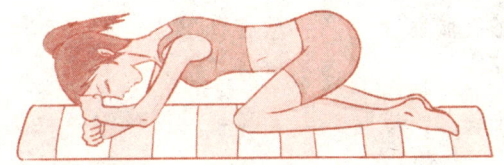

步骤一：正坐，两手交叉在身后。缓慢地吸气，伸直背部挺胸。

步骤二：一边呼气一边以行礼的动作，使上体向前倒，并缓慢地抬起臀部，头部着地。

步骤三：把重心移到头部，用头顶来支撑身体。

步骤四：两臂在所能及的范围内缓慢地抬起。

步骤五：把意识集中到头顶使其安定并支撑体重，保持10~20秒的自然呼吸。

步骤六：缓慢地放下两臂，一边吸气一边把臀部放到脚跟上，做出鞠躬的姿势。

步骤七：放下两手，两手握成拳上下摆放，额头贴着上面的拳头，呼吸放松。

颈部疼痛或者颈椎有异样的时候不要做。

3. 狮子式

充分使用面部肌肉，以此来促进脸部的血液循环，达到瘦脸的目的。该瑜伽动作除了瘦脸外，还可刺激唾腺，使肌肤更加年轻。

步骤一：两膝张开有一拳头宽正坐，立起脚尖，臀部放在脚跟上，两手放在两膝上，张开两手指尖着地。

步骤二：从腹部中大呼气，像狮子一样发出怒吼声。

步骤三：身体向前倾，挺胸，张大嘴，舌头尽可能伸出。

步骤四：抬起下巴，张大眼睛到看见鼻尖。

步骤五：正坐闭目，放松面部表情肌肉，喘气放松。

步骤六：全套动作重复5~10次。

小贴士

练习时注意要把体内的废气吐出，鼓起干劲，坚持下去。

4. 莲花坐鸦喙契合法

鸦喙契合法锻炼口轮匝肌、颊肌，放松咬肌，刺激腮腺，减少面部皱纹，防止两颊和唇角松弛，配合深呼吸，加快体内毒素排出，消除面部浮肿，去除双下巴。

除消除脸部浮肿及双下巴外，该动作还可消除腿部浮肿。

步骤：坐姿，脊柱保持伸直，双肩手臂放松；双唇形成一个狭管，深深吸气，之后闭口，用鼻子缓缓呼气。

5. 单腿背部伸展

每节脊椎都获得伸展和补养，给肾脏以新鲜血液，减轻面部浮肿，防治肾结石。除瘦脸外，该动作还能纠正月经失调和各种性机能失调。

步骤一：挺直上身，曲右膝，将右脚放于左大腿内侧根部。

步骤二：吸气，伸直双臂，双手高举过头。

步骤三：呼气，弯腰，双手抓住左脚趾。

步骤四：上身下压，保持10秒。

步骤五：全部动作重复5~10次。

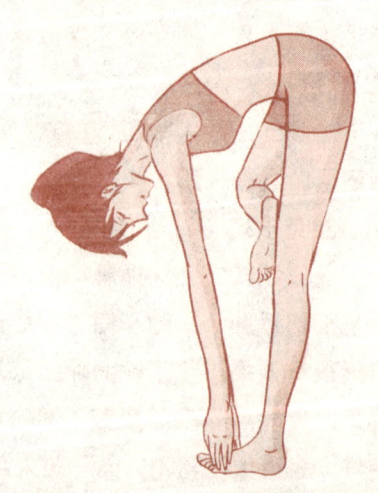

6. "大笑瑜伽"脸部回春

印度的笑瑜伽是以模仿动物表情为特点的特殊瑜伽，最能迅速激发人的笑细胞，让人大笑不止。据说，世界上最不爱笑的国家是德国，因为长期情绪压抑，德国政府很严肃地引进了印度的笑瑜伽，并在短时间内成为风尚。

练习笑瑜伽，可以提高人体内的荷尔蒙分泌，降低血压，缓解疼痛和焦虑感。和普通瑜伽一样，笑瑜伽每小时能消耗400卡路里的热量，可以达到瘦身效果。

通过调整呼吸节奏，配合脸部以及肢体的夸张动作，来释放情绪，以达到除皱美容的效果。

步骤一：活动面部肌肉，然后模仿瑜伽师的动物表情，如狮子、老虎、猿猴等。

步骤二：一个劲地拍手大笑。

步骤三：动作做完，慢慢收回笑容，调整呼吸，同时对自己说"我是世界上最快乐的人"、"我是世界上最健康的人"。

步骤四：让情绪和心跳慢慢恢复平静。

小贴士

与其他的瑜伽一样，笑瑜伽也是一种运动，一样需要预备式和收式。

印度笑瑜伽一共包括24个不同的制笑表情，只要按照瑜伽师的样子去做，就能自然而然地沉浸其中。

三、瑜伽塑造纤细臂膀

瑜伽与健身操、运动等瘦臂方式最大的区别就在于，它通过提高自我对身体的控制与调节能力，使手臂和肩膀的肌肉得到充分的松弛，而变得柔软富有韧性。此外，通过对心灵的调节，瑜伽又能够解除精神上的压力，尤其是对于因暴饮暴食而发胖的女性来说，当进入瑜伽的宁静状态时，心理压力就会得到释放，心绪重新恢复平衡，自然也就不再将食物作为释放压力的唯一手段了。

（一）练习纤细臂膀瑜伽的注意事项

1. 进行瘦臂瑜伽时，学会科学控制呼吸

也许在做瑜伽时，舒缓的动作或者教练都能够一再提醒你要集中精力，保持自然的呼吸。但想要在运动中随时保持正常呼吸的确是一件较难的事情，需要讲究一点小技巧。

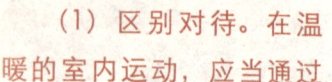

（1）区别对待。在温暖的室内运动，应当通过口腔进行呼吸；在寒冷的室外，需要用鼻腔进行呼吸。两种不同的呼吸能够使人体最大限度地消耗手臂上的能量，从而达到减肥的目标。

（2）交替呼吸。在进行瘦臂瑜伽时，手臂肌肉通常处于紧张与松弛两种交替的状态，所以呼吸也应当配合交替进行，以伸展运动为例，当手臂抬起并向两边伸直时，肌肉处于紧张状态，此时应当吸气；当手臂垂下，自然放在身体两侧，全身尽量放松，此时应当呼气。

（3）暂停呼吸。在锻炼的过程中，每个动作之间应当有几秒钟的停留时间，尤其是牵拉较多的手臂伸展动作，更应当适当地进行停顿，使手臂肌肉在得到充分休息后，迎接下一个动作。

2. 把好瑜伽瘦臂的第一关

瑜伽并不是一个人"孤军奋战"，在它的背后有很多强大的"同盟军"（配套的用具），每一个"同盟军"都能够帮助人体更好地完成瑜伽练习，还可以对人体起到保护的作用。

（1）宽松的衣服。瑜伽服与韵律服最大的不同就是，它并不强调身体的曲线美感，而是重视穿着的舒适性。因为手臂的动作幅度比较大，穿过于贴身的衣服会影响到双臂的延展性，所以宜选择稍宽松且吸汗性较强的服装。

（2）瑜伽垫。过于柔软的床垫会影响瑜伽的练习效果，太硬的地面又容易造成手臂关节受伤，所以柔软适度的瑜伽垫是瑜伽练习者必不可少的练习道具。除了保护肢体关节外，瑜伽垫还有一个作用就是防滑，使练习者不会因为肌力不足而滑倒。

那么，买对买好瑜伽垫有什么小绝招呢？

①用大拇指与食指反复捏瑜伽垫，看其耐压性如何，弹性较强的

瑜伽垫能对人体起到充分的保护。

②用橡皮擦一下瑜伽垫的表面，看其是否容易破损。

③用手掌轻轻摩擦垫子表面，看其是否发涩。如果有湿滑的感觉，说明垫子表面残留有过多的发泡剂，容易使人在练习中摔伤。

④初学者宜选用6厘米厚的垫子，有一定基础的可选择3～5厘米厚的垫子。

⑤由于瑜伽的大部分动作都需要在瑜伽垫上完成，因此应当对瑜伽垫的材质加以重视。一般来说，与传统的用PVC制作的瑜伽垫相比，混合天然乳胶和麻的瑜伽垫更加环保，对人体也没有害处。

（3）瑜伽枕。对于经常练习瑜伽的人来说瑜伽枕并不是必要的道具，但对于初学者来说瑜伽枕却可以起到辅助作用。刚开始练习的初学者在进行手臂伸展或者其他动作时，由于柔软度不够或者肌力不足，许多动作都无法做到位，如果勉强抻拉就极易造成手臂肌肉和关节损伤，这时借助瑜伽枕就能轻松地完成相应的动作，还可以帮助身体保持平稳。倘若没有瑜伽枕，可选择较厚的书本或者保鲜膜用完后剩下的纸板圆筒，这两样物品同样能起到放松及舒展臂部肌肉的作用。

（二）纤细臂膀的瑜伽动作

居家瘦臂瑜伽操

做瘦臂操不一定非要到专业的瑜伽教室，学会下面这些动作你也一样能够成为玉臂香肩的"小美人"。

1. 新月式

从树姿势开始，将右脚向后迈一大步，脚跟提起，右腿伸直；左腿向前屈膝，大腿与小腿之间呈垂直角度。挺胸抬头，双

手合十，手臂向上高举过头顶，尽量将肩膀和后背向下压。保持这个姿势，深呼吸5～8次。

2. 树姿势

双腿并拢伸直，脚趾充分张开，利用大腿的肌肉带动膝关节附近的肌肉。然后挺胸抬头，双手合十置于胸前，肘部贴近身体。双手同时用力，以感觉手腕上臂肌肉紧实为宜。将左脚抬起，脚掌紧贴于右腿膝盖内侧或者小腿、踝关节的位置，右腿保持直立姿

势。注意利用手臂的力量保持身体平衡,保持这个姿势深呼吸5次。

3. 冲锋式

从新月式开始,右腿保持伸直的状态,右脚掌落地并向右转动30°,与左脚背保持一条直线,髋部也同时转动90°。臀部、肩膀以及上身放松,双臂同时向上平展,与肩膀保持水平。将全身的力量通过意识集中在上臂,然后慢慢传入指尖。保持这个姿势深呼吸5次。

4. 飞机式

从冲锋式开始,将双手放在臀部上,上身挺直向前倾,同时抬起左脚,左腿慢慢向后伸展。将双臂向两侧平举至与肩同高,掌握住身体的平衡,然后将上身完全向前倾,与抬起的左腿呈一条直线。保持这个姿势,将双臂向上平举伸展,以感到肩胛骨以及手臂肌肉收紧为限。停留3秒钟,然后回到起始体位,换另一侧重复相同动作。

小贴士

如果感觉后抬腿时身体无法掌握平衡,可以适当降低难度,在身后搁置一把椅子,将抬起的腿架在椅背上即可。

5. 半月式

步骤一:双腿开立站好,左手扶住臀部,右臂自然垂于身体一侧。深呼吸数次,双腿略屈膝,上身慢慢向右侧倾。右腿保持屈膝姿势,左腿随着身体右倾然后慢慢抬起。

步骤二:当右臂伸直后指尖能够碰触地面时,右腿慢慢绷直。全身重量集中在右臂与右腿之上,充分伸展左腿,使其与右腿垂直。

步骤三:将左臂向上伸展,与右臂呈一条直线。扭转脖颈,抬头向上看,双眼注视左手。保持这个姿势呼吸5～10次。

6. 侧展式

步骤一:双腿分立站好,两脚间距离比肩膀略宽,双臂同时平举伸展,手心朝下。将左脚向左转90°,以左腿为圆心,髋部带动上身向左转,然后向下弯曲,直到与地面平行。

步骤二:左臂伸直并抓住右脚踝,面朝天花板,右手指天,右臂伸直并且与左臂处于同一条直线。保持这个动作15秒或者深呼吸5次。然后起身回到原始体位,换另一侧重复相同动作。

7. 鹫式

鹫式瑜伽最大的好处就是可以消除水肿,使因为"积水"造成的

PART 3 瑜伽瘦身：懒美人的窈窕之道

注意，牵拉的力度不宜过大。以肩膀无痛感为宜。

步骤二：保持这个姿势，自然地呼吸数次，然后将头部向右侧扭转，使颈部与肩膀得到充分舒展。保持这个姿势10秒钟，然后将头部向相反方向转动，保持10秒钟。回到起始体位，换另一侧重复相同动作。

鹫式图示

小贴士

瑜伽的初衷就是要保持身心合一的均衡性，只有均衡的人才会容光焕发，体态优美，身心健康。因此练习瑜伽的另一个窍门就是一定要"平衡"。在设计动作的时候要注意反向动作的安排，如将右臂向左侧牵拉之后别忘了将左臂向右侧牵拉，脖颈向右侧扭转后别忘了也要向左侧扭转。只有身体得到全方位的练习，才能够避免肌肉僵硬、痉挛，最终达到练习瑜伽的目的。

手臂阻塞恢复畅通，为你打造出美丽细长的手臂线条。

此外，在工作一整天后，颈部、背部、肩膀、胸部、头部也因为长期处于同一姿势而易出现酸痛等不适，不妨在工作之余也适当练习这套鹫式瑜伽，它具有舒筋活血的作用，能刺激肩胛骨内侧的神经，改善从肩膀到手臂的血液循环，从而有效地缓解肩膀酸痛以及头痛。

步骤一：双腿盘坐，右臂在胸前弯曲，肘部朝下。手指自然张开，掌心朝后。左臂从右臂下方向上伸展，内侧肘关节紧贴右臂肘部。深呼气，右肩保持不动，以左肩的力量将右臂肘部向左侧牵拉。

8. 交叉合掌式

手臂肌肉紧绷并不是最终的目的，紧绷后的放松才是瘦臂的关键。当你在练习瘦臂瑜伽之后，如果能做做这套放松手臂肌肉的瑜伽动作，不但可以缓解手臂肌肉的酸痛，同时还有巩固减臂效果的作用。除此之外，久坐不动的上班族经常做这个动作，再多来几次深呼吸，将头部和双臂尽量向后仰，还能使流入头部的血液和氧气增多，使人顿感神清气爽，让你即使是在"春困秋乏夏打盹"的季节也能够保持旺盛的精力！

步骤一：双腿自然盘坐，双手合十置于胸前；挺胸抬头，使背部肌肉得到充分舒展。

步骤二：深呼气，同时将两臂向两侧分开平举，与肩膀保持平行。肩膀尽量放松，并使背部肌肉得到舒展。

步骤三：将双臂同时从脑后向上伸展，双臂交叉，双手合十。手臂向内侧收紧的同时尽量舒展上臂肌肉。保持这个姿势10秒钟，然后双臂交换交叉，重复相同动作。

步骤四：采用站姿练习相同动作，保持手臂向上交叉的姿势，将身体向左侧弯曲，使身体得到充分的舒展。保持30秒钟，身体重新直立站好，再向右侧弯曲，重复相同动作。

飞鹰展翅式图示

小 贴 士

手臂交叉上举时，肘部一定要完全伸直；如果臂肘处于弯曲状态，就无法起到防止脊椎弯曲、消除手臂赘肉、缓解肌肉僵硬的功效，从而失去对手臂等部位的作用力。

9. 飞鹰展翅式

飞鹰展翅式（鹰式）主要从瑜伽中的"鸟王式"转化而来的，与"鸟王式"相比，它不仅能够增强脚踝、膝盖、小腿肌肉的力量与弹性，通过手臂的伸展还能够锻炼身体的平衡感，使手臂线条得到全方位的美化。

步骤一：双腿并拢直立，将右大腿的后侧紧贴于左大腿的前侧，右小腿胫骨贴于左小腿肚处，右脚大脚趾勾住左脚踝上方。左腿微屈膝，上身慢慢向前倾，直到胸部靠近右腿膝盖，使身体保持平衡。

步骤二：慢慢将手臂向两侧抬起伸展，上臂尽量向后伸展，但应保持肘部略微弯曲，同时手指并拢伸直，手腕向下倾斜。保持这个姿势，以肩关节的力量带动手臂一张一合，如同正在飞翔的鹰翅。

10. 蜘蛛式

谁都希望自己的手臂能像蜘蛛一样灵活，现实却往往与梦想背道而驰。长期的伏案工作与缺少运动，让手臂就像没有上油的机器人一样呆板、机械。难道，我们的梦想就这样被现实"打倒"、"击垮"吗？当然不是，睿智的女性不会因为一点小问题就迎难而退，既然手臂不能像蜘蛛那样天生灵活，就通过练习瑜伽将自己变成一只"蜘蛛"，"变身"后的你会拥有与众不同的光彩。

步骤一：初级练习。

双腿伸直坐于地面之上，双腿分开比肩膀略宽；上身向前倾，将双手从大腿下穿过伸到背后，十指相握。头部略抬起，胸部靠近地面，下颌触地，肩膀、臀部、脚跟也应同时着地。保持这个姿势5秒钟，然后放松身体，重复相同动作3次。

步骤二：进阶练习。

取盘坐姿势，双手撑地，使臀部顺势离地，膝盖着地。深长而缓慢地呼气，同时上身向前倾。深吸一口气，双臂屈肘着地，指尖相对；上身继续下降，直至下颌触地于手掌前方，胸部、腹部、大腿完全贴于地面。将双手在背后合掌，指尖尽量靠近后颈。深呼气，将上身和头颈用力向后仰，双眼注视天花板。保持这个姿势，然后放松身体，重复练习3～5次。

11. 骆驼式

一个全方位的美女除了面容美、气质佳以外，身材也要好，可是许多身材苗条的女性却往往达不到"身材好"的这个标准。之所以会出现这个问题，是因为女性每天坐在办公室低头弯背地工作，肩膀、胳膊等部位就会越绷越紧，甚至会养成驼背的习惯。

驼背不仅会让苗条的身材显得没有精神，更严重的是会使肩膀、颈部血液循环不畅，以致肩膀与上臂出现水肿或者脂肪堆积的问题。因此，我们需要一个能够让身体重新挺拔、亭亭玉立的动作，这就是"骆驼式"诞生的原因。想象一下，自己就是一只骆驼，利用手臂的力量将身体重新挺直，自然就能摆脱背后的"驼峰"了。

（1）单人骆驼式。

步骤一：上身直立跪在瑜伽垫上，小腿、脚背平放于垫子上与大腿呈垂直角度，两腿间距离于髋部同宽；双手扶在髋部两侧，肘部朝后，两侧的肩胛骨向后收拢。

单人骆驼式图示

深吸一口气,头颈部不动,身体慢慢向后仰的同时向前推动骨盆;收紧大腿、臀部和腹部的肌肉,使整个背部向后弯曲。

步骤二:双眼直视天花板,身体保持不动。呼气,右臂伸直,右手掌心向下放在右脚跟处,再将左手放在左脚跟处。深吸一口气,手臂向下用力,使胸部向上挺翘。保持这个姿势15～30秒,注意呼吸应当自然。双手收回并依次扶住髋部,慢慢回到起始体位,然后跪坐在脚跟上,休息1分钟。

小 贴 士

如何让"骆驼式"做得更加轻松:

如果手臂、背部、肩膀以及颈部比较僵硬,无法完成标准的动作,不妨借用瑜伽枕、带靠背的折叠椅子和稍长一些的枕头作为练习的辅助器械。

(1)将椅子置于背后,然后将枕头放在座位上,这样能够承托上身向后弯时背部、颈部的压力。

(2)如果无法将双手放在脚跟上,可以抓紧椅子腿,将身体的重量平均分布于手臂,使其得到更好地锻炼。

(3)如果不想用椅子,也可以将两个瑜伽枕分别放在小腿两旁,双手借助瑜伽枕的"力量"完成相应的动作。

(2)双人骆驼式。

两人面对面跪立,膝盖互相紧贴,一人(A)双手扶住另一人(B)的腰部。B将双腿分开,深吸一口气,然后将双手扶在髋部,上身向后仰。呼气,双手慢慢放到脚跟上,同时将胸部挺起,使脊背充分弯曲,上臂肌肉得到拉伸。

小 贴 士

双人骆驼式与单人骆驼式的动作基本相同,不过两个人进行练习可以减少动作的难度,还能增进彼此之间的信任度,最适合朋友或者夫妻同时练习。

四、瑜伽塑造平坦小腹

瑜伽本是古印度修行之人的身心修炼之法，目的是使人健康，时刻保持身心的和谐平衡。经过多年的发展，人们发现，瑜伽不仅能够使心绪平衡，其设计的动作还能够对腹部肥胖起到一定的减肥作用。

（一）练瘦腹瑜伽的注意事项

具有瘦腹作用的瑜伽是一种缓慢的运动，无论是对环境还是对个人，都有着自成体系的要求，只有遵循瑜伽的要求进行练习，才能达到最理想的瘦腹目的，否则不仅不会产生任何效果，反而会适得其反。尤其是对于初次练习瑜伽的人来说，在练习之前更应当掌握小贴士，以免在练习的过程中出现不愉快的事情。

1. 练习前不宜吃东西

瑜伽的体位动作大多是以前后伸展为主，很多时候还会对腹部进行挤压，如果吃完东西后立刻练习瑜伽，装满食物的胃部就会由于过度扭挤而出现恶心、呕吐等不适，甚至还会诱发胃病。因此，瑜伽宜在饭后3～4个小时练习，即使一顿饭只吃了一个苹果或者只喝了一碗粥，哪怕一碗水，也要等到30分钟后，肚子空下来再行练习。

2. 以自己的节奏进行

瘦腹瑜伽的体位大多是充分舒展腹部为主，一般在瑜伽的书籍和光盘中看到的都是瑜伽老师展示的某个体位的最终姿势，这是长时间练习的结果，对于初学者来说如果急于求成，即使无法做到也要使劲伸拉，腹部肌肉就会撕裂、拉伤，不但无法瘦下来，反而会伤害到身体。瑜伽是一项循序渐进的运动，所以练习的时候应当放慢速度，切勿带有攀比或者不服输的想法，尽量以自己的节奏使身体尤其是腹部慢慢恢复平衡，这样，那些做不好或者比较难做的动作就能够变得游刃有余，达到最好的练习效果。在刚开始练习的时候如果不能很好地掌握运动节奏，不妨根据自己的呼吸来作判断，当保持一个姿势或变换体位的过程中感觉呼吸急促，出现憋气的现象，则说明这个姿势超出了个人的能力范围，或者变换体位的动作过于急、猛。

3. 动作缓慢，练习的全程都要用鼻子呼吸

呼吸是瑜伽练习的重要组成部分，练习呼吸就是练习对身体的控制能力，它就像是一座桥梁连接着你与身体，当你在变化各种体位时，舒缓而深长的呼吸能够使动作更加流畅自然。在练习时，我们一般采用的是腹式呼吸，也就是吸气时腹部鼓起，呼气时腹部回收，尽量让呼吸深长而缓慢，使身体也随着呼吸而逐渐放慢节奏，以免被快速、激烈、不连贯的动作伤害到。腹式呼吸一般要用鼻子呼吸，这是因为用鼻子呼吸可以过滤空气中的脏东西，还能调节空气的温度，以免空气过冷或者过热刺激到娇嫩的肺部。用鼻子呼吸最大的好处就是，有助于气息在气脉里顺畅地运行，让小腹即使在静止的情况下也能得到锻炼。有时候因为动作有难度，不自觉地屏住了呼吸，这时就要有意识地调整，适当地降低动作的难度，以保证呼吸的均匀。

4. 瑜伽能够使身体柔软，如果出现关节僵硬、身体发麻，最好还是先学会放松

减腹瑜伽的动作虽然并不难，但是却需要身体的完全放松，身体只有在放松的情况下，才会"谱写"出柔软、灵活而优雅的肢体语言。如果你是一个不常运动的人，在练习瑜伽之前，一定要先进行暖身，否则固定一个姿势几分钟后再活动身体时，就会造成血液循环不畅，全身发麻，身体硬得像一块化石，不仅不够美观，还容易造成运动伤害。此外，任何运动都有可能出现迟发性的肌肉酸痛，如果在练习后出现腹部肌肉绷紧、酸痛，给予适当的按摩和冰敷。

5. 处于生理期的女性在练习瑜伽前，要根据自己的具体情况制订练习计划

女性在生理期可以练习生理瑜伽，做一些简易舒缓的瑜伽动作能够克服经期带来的焦虑、恐慌等不适，不过应当避免进行倒立、剧烈地伸展挤压腹部以及翻转性的动作。

6. 练习瑜伽是一个长期的过程，如果只是抱着"好玩"或者"试试看"的想法，那么你很难取得最终的成功

瑜伽是你与身体之间的桥梁，只有当你真正熟悉身体的一切后，

才会自然而然地感受到瑜伽带来的舒适与健康，从而爱上瑜伽。这种感觉是非常容易让人上瘾的，是让人奋不顾身的，但是在这之前却需要一段辛苦的练习过程，不能抱有三天打鱼、两天晒网的心态，否则一遇到什么困难时就会无法持续下去，想要拥有美丽的身材和健康的身体自然变成一种奢望。在你下定决心练习瑜伽时，不要为自己安排太难的动作和过多的练习次数，不要贪求速度而忽略身体的极限，只有循序渐进，一点一点地进行，才能保证细水长流。

7. 让自己穿着得当

一件宽松、吸汗、透气性较好的纯棉、麻料衣服，能够使腹部在无束缚的状态下自由舒展，避免呼吸受到限制。如果能够赤足练习就更好了，将袜子脱掉可使感觉更加直接，姿势也更稳定。

8. 运动前的预热很重要

正式练习前做一下简单的预热活动，尤其是进行瘦小腹的瑜伽锻炼，更应当充分热身，以免伤害腰椎和腹部肌肉。对于腰椎间盘有问题的人，一些幅度较大的腰部屈伸动作应该在有保护的情况下做。以双手的力量支持身体的重量时，也要注意腕关节的保护，正确的姿势是：手掌打开，手指向前而不是冲内。

（二）平坦小腹的瑜伽动作

1. C 型瘦腹式

C 型瘦腹式图示

使腹部得到充分的舒展和拉伸，避免腹部肌肉"团"成一团，并让腹部线条更加优美。除了瘦腹之外，C 型瘦腹式对于大腿与手臂肌肉的耐受力，也有一定的锻炼作用。

步骤一：坐在地上，双腿屈膝，双脚间的距离比肩膀稍宽一些。背部自然挺直，双手交叉轻轻放在两侧锁骨处。

步骤二：保持这个姿势，将身体向后倾斜约45度，使身体成为一个"C"字。此时小腹向内收紧、扁平，眼睛向下注视肚脐处，尽量放松肩膀和大腿，将全身的中心力量都集中在腹部。

步骤三：自然呼吸，保持这个姿势10秒钟，然后回到起始体位，重复进行 5 次。

步骤四：做完上述动作后，俯卧在地上，双腿分开，与肩膀同时尽量向上抬起，将身体重心集中在下腹部。

步骤五：保持这个姿势，待身体平稳后，抬起并伸直双臂，手臂一上一下，双手自然放松，低头向下看。

步骤六：自然呼吸，保持这个姿势 10 秒钟，然后回到起始体位，重复进行 5 次。

在做 C 型瘦腹式瑜伽时，最好向前、向后都练习一次，使身体能够全方位得到活动，保持平衡的状态。

2. 仰卧起坐式

消除上腹部的脂肪，增强腹部肌肉的肌肉群耐力，对于呼吸系统也有良好的改善促进作用。

步骤一：平躺在地上，双腿自然屈膝，两腿间距离与肩膀同宽。将双臂慢慢抬起，然后向后落下，紧贴在耳朵两侧。

步骤二：双手相叠，双臂同时向上抬起，与身体呈垂直角度。想象自己正躺在蓝天碧空之下，深吸一口气，尽量感觉手指正在向上无限地延伸。

步骤三：保持这个姿势 5 秒钟，缓缓地吐净体内的空气。背部紧贴着地面，收缩肋部肌肉的同时腹部用力，将肩胛骨向上抬起，使肩膀离地。

步骤四：双臂应当慢慢平落，双手向膝盖处伸展，眼睛看着肚脐。此时应感觉到在眼睛的注视下，腹部的脂肪正随着指尖的方向，被分解、抽离，源源不断地涌出身体，整个人感觉轻松不少。

步骤五：保持这个姿势，自然呼吸 5 次，然后恢复起始体位，重复进行 6 次。

这是从传统的仰卧起坐运动演化过来的，通过双手与腹部的配合，能够使上腹部的肌肉得到充分的锻炼。为了达到更好的瘦腹效果，双臂和手掌应当始终保持伸直姿势，不要弯曲或左右晃动。

3. 下半身摇动式

让腹部在左右摇晃中得到锻炼，使两侧的肌肉耐受力更加平衡，坚持下去，你会发现小腹的轮廓越来越明显，自己不再是被人笑

下半身摇动式图示

的"轮胎一族"啦。除了瘦腹之外,下半身摇动式还能增强身体血液循环,对背部和肩膀起到很好的按摩作用。

步骤一:平躺在地上,双腿伸直,十指交叉放在脑后,肘部紧贴地面。

步骤二:深吸一口气,双腿屈膝,膝盖逐渐靠近胸部。

步骤三:慢慢地呼气,上身不动,双腿随着呼气的节奏慢慢地摇摆到左侧。

步骤四:深吸一口气,将双腿摇摆到正中,呼气,再慢慢摇摆到右侧。如此重复10次。

身体一个适应的过程,每个动作最好停留3秒钟。当摆动数次后,可以逐渐加快摆动的速度,但是动作仍应以轻柔为主,不宜过于猛烈、一气呵成。

4. 眼镜蛇扭转式

扭转式能够促进肠胃消化功能,改善便秘、腹部胀气等不适,并减少腹腰部的多余脂肪,起到瘦腹纤腰的作用。

步骤一:俯卧在地上,额头触地,双手自然放在身体的两侧,掌心向下平放在地面上。

步骤二:双臂屈肘,双手支撑于腋下,双臂用力撑起身体,按照头、颈、肩膀、胸部的顺序将上身慢慢抬高,然后向后仰。

步骤三:此时如果感觉不舒服,可以适当调整手臂的位置,一般来说,手臂正确的姿势是双手放于双肩下,手臂与地面垂直,手指尖冲前。

步骤四:慢慢地将体内空气吐净,将肩膀和头颈向右后侧扭转,眼睛注视右脚跟,保持这个姿势深呼吸6次。

步骤五:深吸一口气,将肩膀和头颈转回中间位置,呼气的同时,再向相反方向扭转,眼睛注视左脚跟。

步骤六:两侧各重复相同动作5次,然后回到起始姿势,可以侧着头放松背部,自然呼吸即可。

刚开始摆动的节奏应当缓慢,给

在练习的过程中,身体扭转不要过于使劲或者猛烈,

扭转的节奏以感觉呼吸自然舒适为宜，同时还要配合呼吸的节拍，尽量使整套动作在不知不觉间完成。

5. 虎式

通过伸展强壮脊椎神经和坐骨神经，减少腰腹部的多余脂肪，收紧腹肌，避免小腹松弛。

步骤一：跪坐在地上，臀部坐在脚后跟上，双手放在大腿处，深呼吸数次。

步骤二：身体向前倾，双臂向下伸直，用双手支撑地面，指尖冲前，双腿同时屈膝跪地。

步骤三：深吸一口气，同时抬头、展胸，右腿尽量向上抬起，脚尖绷紧，此时会感觉到腹部、臀部和大腿外侧肌肉收紧。

步骤四：保持这个姿势20秒钟，然后慢慢呼气，将右腿的膝盖向腹部靠近，同时低头，使头与膝盖在腹部下方相互碰触。

步骤五：保持这个姿势5秒钟，恢复起始姿势，重复相同动作4～6次，然后换左腿练习。

小贴士

用双手支撑地的时候，不要将手指冲内伸展，以免造成肘部不自然屈伸，使腕关节和肘部关节受损。

6. V型式

V型式可以收紧腹部肌肉，将因腹肌松弛而下垂的内脏器官尤其是胃部收紧并向上提。同时，对于腿部和腰部的线条也有修正的功效。

步骤一：坐在地上，双腿向前伸直，平放在地板上，手臂自然垂在身体的两侧。

步骤二：双腿屈膝，双手握住脚底，慢慢将膝盖拉向胸口。

步骤三：深吸一口气，伸直背部，上身稍稍向后倾斜一点，然后慢慢将双脚拉高，膝盖伸直。

步骤四：将全身重量压在臀部上，通过抬高双腿收紧腹部肌肉。保持身体平衡，自然呼吸5次，然后将身体缓缓回到起始的体位。

伸展的右手指尖。

步骤五：再次深吸气，放开脚踝，直起身体换右手抓住左脚脚踝。两只手交替重复3次。

小贴士

做这个动作会压迫到胃部，因此在练习之前尽量保持空腹的状态。此外，看右手指尖时不要抬头，如果看不到也不必勉强，以免过分伸拉而伤害到脖颈。

8. 仰卧手抱腿功

仰卧手抱腿能增强肠道机能，帮助身体排出肠道内的浊气，使小腹不再因胀气而凸出发硬。

步骤一：平躺在地上，缓缓地将体内的空气都吐尽，然后深吸一口气，同时右腿屈膝。

步骤二：双手环抱右脚脚踝上方，然后将腿拉伸到胸口处，此时肩胛骨微微上抬，脊柱仍然贴紧地面。

步骤三：将右腿向上拉直，脚趾向下弯，深吸一口气，屏住呼吸的同时将上身尽量抬起，眼睛看着肚

小贴士

腰椎不要过分地挺直，尤其是腰椎间盘有问题的人更应当事先做好保护准备。

7. 原地扭身功

通过左右扭动腰部、向前俯身，增强腹肌的韧性，消除腹部多余脂肪，从而使腹部和腰身变得更加纤细。

步骤一：双脚开立站好，两脚间的距离与肩膀同宽，双臂自然垂在身体两侧。

步骤二：深深地吸一口气，将双臂同时抬起，平举至与肩膀成一条线。

步骤三：呼气的同时弯腰，双臂绕过小腿，抓住两脚脚踝后侧，尽可能地屏住呼吸，将膝盖和腿后侧尽量伸直。

步骤四：起身，调整呼吸数次后弯腰，左手抓住右脚脚踝，左臂屈肘，右臂伸直。头部保持低垂的状态，视线应由下至上地望着向上

脐部位。

步骤四：保持这个姿势5秒钟，然后换左腿交替进行，两条腿各重复5次。

步骤五：恢复平躺的姿势，双腿同时屈膝，双手环抱着双腿脚踝双方，并将膝盖拉到胸口处。

步骤六：尽可能地屏住呼吸，然后呼气，并同时抬起肩膀和头颈，尽量蜷缩全身，使下颌碰触到膝盖。

小贴士

做抱膝蜷身的时候，尽量把自己想象成一个球状，如果自身情况允许，还可以自然地左右摇晃，使意识与动作融为一体。

9. 风吹树式

通过柔韧腹部肌肉，能够消除腰腹部上多余脂肪，使小腹恢复平坦，并且纠正含胸、驼背等不良身形。

步骤一：先向上伸展一只手臂，同时将身体向同一侧弯曲到最大限度，然后再向上伸直另一只手臂，身体向相反的方向侧弯。

步骤二：直起身体，将伸展的双臂高举过头顶，十指交叉相握，挺直脊柱，抬起脚跟。

步骤三：慢慢地呼气，同时将身体向左侧弯曲到最大限度，脚跟不落，双臂也同时向左侧伸展。

步骤四：保持这个姿势数秒钟，深深地吸气，然后将身体还原到起始体位，双臂和脚跟仍保持抬起的姿势。

步骤五：慢慢地呼气，将上身和手臂一同向右侧弯曲、伸展。

步骤六：保持这个姿势数秒钟，然后回到起始体位，调整呼吸后再重复5次。

小贴士

在侧弯的时候，应该尽量使整个身体保持在一个平面上，尤其是髋部千万不要前倾，否则小腹凸出的问题会更严重。

10. 猫弓背式

猫弓背式能够促进血液循环，帮助肠胃消化，收缩腹肌，消除腹部多余脂肪，对于刚刚摆脱"大肚

子"的孕妇来说瘦腹效果更明显。对于月经失调的女性来说,经常练习猫弓背式还能缓解痛经、腹胀等不适。

步骤一:跪坐在地上,臀部坐在脚后跟处,上身保持自然挺直,双手放在腿上,肩膀和手臂都应放松。

步骤二:上身向前倾,抬起臀部,双膝跪地,双臂伸直支撑地面,两手间距离与肩膀同宽。

步骤三:深深地吸一口气,抬头,下腰,使腹部尽量贴近地面,臀部向上翘,保持这个姿势5～10秒。

步骤四:缓缓地呼气,将头颈低下,下颌尽量向内收,同时拱起背部,使脊柱呈弓形。

步骤五:保持这个姿势5～10秒,然后放松身体,休息片刻,再重复做5～10次即可。

小 贴 士

练习前最好先进行热身运动,如果是腰椎间盘有问题的人,请在医生的指导下进行练习。

11. 前俯后仰式

前俯后仰式可改善便秘、消化不良等问题,有效消除腹部多余脂肪,并使原本松弛的小腹肌肉更加紧实有弹性。

步骤一:双手叉腰站好,双腿不动,以腰腹部力量带动上身向前倾,直到胸部以下的身体与双腿呈90度的角。

步骤二:头略向上抬起,背部自然挺直,眼睛注视前方,保持这个姿势深呼吸10秒钟。

步骤三:收紧臀部肌肉,腰腹部用力将身体向后仰,双手放在臀部上协助支撑身体。

步骤四:颈部放松,眼睛自然向前看,保持这个动作10秒钟,然后回到起始体位,重复相同动作8～10次。

小 贴 士

自始至终,上身都靠腰腹部的力量前俯后仰,肩膀和脖颈都应处于自然放松的状态。如果腰部稍感不适,可在后仰的时候用双手支撑腰部,给予相应的保护措施。

12. 伸展侧弯式

通过锻炼腹部肌肉,可以改善消化系统功能,使小腹不再因为消化不良等原因"变形"。

步骤一:双脚尽量分开站立,双臂同时抬起,向两侧伸展。

步骤二：面朝向左边，同时将左脚向左转90度，将上半身向左边伸展。此时左臂向斜上方伸展，左手指向天；右臂向斜下方伸直，手指指地。两只手臂呈相平行的斜线。

步骤三：慢慢地呼气，将身体继续向下弯，直到与地面平行，然后左手按在脚背上。

步骤四：面朝天花板看，右手指天，手臂伸直，深呼吸15秒钟，然后起身，换另一侧作相同的动作。两侧交替进行4次。

伸展侧弯时，右大腿及身体右侧应感到有拉扯感，但是不可过分伸展，以免拉伤肌肉和韧带。

13. 雷电式

雷电式能够收紧并强化腰腹部肌肉，并将松弛下垂的小腹尽量向上提起。

步骤一：双脚并拢站好，双腿伸直，双手十指交叉握紧，并高举在头顶。手臂内侧应当贴近耳朵，背部自然挺直，在保证骨盆不向前倾的条件下，尽量扩展胸部。

步骤二：双腿保持并拢，臀部慢慢向下蹲，直到双腿屈膝呈90度角。

步骤三：保持这个姿势10秒钟，回到起始体位。休息片刻再重复2次。

注意将重心放在臀部和大腿，腹部向内收，并且应当有较明显的前拉感。

14. 半扭动脊椎式

半扭动脊椎式可促进身体血液循环，增强腹部内脏器官的功能，加快腹部脂肪的新陈代谢。

步骤一：坐在地上，背部挺直，双腿伸直放在地上，双手自然放在身体后方，指尖冲外。

步骤二：右腿保持伸直状态，左腿屈膝跨过右腿膝盖，脚不沾地，大腿尽量贴近身体。

步骤三：右臂压住左腿膝盖，右手抓住左脚脚踝，左手仍然放在身后以保持身体平衡。

步骤四:保持这个姿势,将上身慢慢转向后方,同时颈部也向后转,眼睛看向后方。

步骤五:保持这个动作6秒钟,慢慢将身体转到正面,换另一侧重复相同动作。两侧交替进行,各做5次。

步骤三:继续将双腿向上抬起,与身体呈60度角,保持这个姿势,呼吸5~6次。

步骤四:最后将双腿向上抬至与身体呈垂直角度,脚掌冲天,脚趾向下压,保持这个姿势,呼吸5~6次。

步骤五:当双腿重新放回地面后,抬起右腿与地面垂直,按顺时针和逆时针方向各旋转3~6圈,然后换左腿重复相同的动作。

转动的时候肩膀不要用力,尽量使腹部在扭转的过程中被反复牵拉,以增强腹肌的韧性。

无论是向上抬腿还是将腿放下来,都应按照分段式的方法进行。此外,在做这套动作的时候,尽量进行腹式呼吸配合动作,以达到更好的效果。

15. 上伸腿旋转式

上伸腿旋转式使腹部得到充分的锻炼,对于胃胀气或者患有其他肠胃疾病的人来说,经常做这套动作还能促进肠胃运动,消除便秘,改善消化系统不适。

步骤一:平躺在地上,双腿伸直,脚尖绷直。双臂自然放在身体两侧,掌心向下贴在地面上。

步骤二:上身保持不动,将双腿伸直抬起,与身体呈45度角,保持这个姿势,呼吸5~6次。

16. 伸腿式起坐

不借助手臂和颈部的外力,完全以小腹的力量起身、落下,让腹部肌肉能够得到

更充分的锻炼,并且在牵拉与伸展的过程中使呼吸变得顺畅,减少身体的耗氧量,缓解运动后腹部肌肉的酸痛感。

步骤一:平躺在地上,右腿屈膝,右脚平放在地

上，左腿伸直，双臂放在腰部下面。

步骤二：抬起臂肘，深深地吸一口气，在呼气的同时收缩小腹，弯曲头颈，并将肩膀向上抬起，使肩胛骨离地。

步骤三：当上身抬起的时候，伸直的左腿也同时抬起来。保持这个姿势10秒钟，然后慢慢放下身体和四肢，重复相同动作。两侧交替各进行10次。

步骤四：慢慢将双腿和上身、手臂放回地面，同时缓慢而深长地呼气，放松全身。重复做6次。

小 贴 士

如果能够在双腿间夹一个枕头，减腹的效果会更好。在做这个姿势时，尽量以身体能够承受为限，如果感觉撑不住，就应立刻停止这个动作，并放松身体。

小 贴 士

抬起肩膀之前，应先将颈部抬起，以免使颈部处于过仰姿势而出现颈部软组织损伤、颈部疼痛等问题。

17. 船式

经常做这个姿势能加强肌肉耐力，改善消化功能，消除腹部脂肪。此外，船式还能消除神经紧张、促进睡眠，更重要的是这个姿势还有助于改善消化功能。

步骤一：平躺在地上，双腿伸直，双臂平放在身体两侧，掌心向下。

步骤二：深吸一口气，将双腿向上抬起，与身体呈45度角，同时将头部、上身和双臂尽量抬离地面，依靠臀部保持身体平稳。

步骤三：经过多次练习后，可试着将双臂向前伸直，与双腿保持平衡。保持这个姿势，直到体力不允许为止。

18. 蹬车式

蹬车式能促进血液循环，按摩腹内脏，使腹肌更加强壮，让小腹不再长出"游泳圈"。

步骤一：平躺在地上，双腿伸直，手臂自然放在身体两侧。

步骤二：深吸一口气，将双腿慢慢抬起，与身体呈60度角左右。此时背部应当紧贴在地上。

步骤三：缓缓地呼气，想象着自己正骑在自行车上，然后腿脚配合，做蹬自行车的动作。

步骤四：左右脚交替，先向前

蹬 10 圈，然后再向后蹬 10 圈。最后将两腿并拢同时向前、向后各蹬 10 圈。

小贴士

在做蹬车的动作时，尽量使身体放松下来，保持自然的呼吸，就好像真的在骑自行车一样。

19. 弹簧式

通过上下弹跳，能够促进肠胃的蠕动，增强胃部的抵抗能力，帮助人体消化，使原本胀鼓鼓的小肚子在不知不觉中变平坦。

步骤一：双脚分开站好，两脚间距离与肩同宽，脚尖向着正前方或微微分开。

步骤二：上身自然挺直，将全身重量集中在脚后跟，向前屈膝，同时髋部下沉，使臀部向地面靠近，直到大腿与地面平行，然后慢慢直起身体。重复 10 次。

步骤三：在蹲起自如后，还可以髋部、腰部和双脚同时用力，借助爆发性的力量使双脚离地，而且越高越好。

步骤四：当双脚落回地面时，脚尖刚接触到地面应立刻回到下蹲的姿势。重复 10 次。

小贴士

整个动作应当流畅，一气呵成，不要有间断。在跳跃与下蹲的过程中，不断地调节肌肉、关节与身体的协调性，以保持身体的柔软与弹性。

20. 船头式

船头式能够增加腹部的血液循环，改善消化不良及胃胀气造成的腹部脂肪堆积以及胀气凸出等问题。

步骤一：坐在地上，上身微微向后仰，双手放在身后两侧，指尖冲外。双腿屈膝并拢，双脚平放在地上。

步骤二：深吸一口气，同时抬起双腿，小腿与地面保持平行，脚趾冲上，上身可随之自然后仰，与地

面成45度角。双手支撑地面,以保持身体平稳,并将全身的平衡点集中在腹部。

步骤三:缓慢地呼气,蹬直小腿,使双腿向上伸直成一条斜线,上身与双脚形成一个"V"字。将双手抬起(指尖尽量碰触到膝盖下方),手臂与地面保持平行。

步骤四:保持这个姿势10秒钟或者更久,注意调整呼吸频率。

小贴士

刚开始做这个动作的时候,很难掌握身体平衡,如果感觉做的时候有些困难,不妨将头靠在墙上,利用墙壁来帮助身体调解平衡感。

五、瑜伽塑造美丽翘臀

瑜伽是一种舒缓而近似于静止的运动,不仅能够使心绪平衡,更重要的是可以协调体内各器官的协调统一,从内部调节人体运作的进程。瑜伽减肥能够针对臀部肥胖设计出相应的练习动作,使身体保持健康状态的同时,臀部肌肉更加紧实,线条更加优美、匀称。

(一)练翘臀瑜伽的注意事项

瑜伽运动自成体系,有着一定的规范和要求,只有认真遵循,才能达到最理想的瘦臀目的,否则不仅不会产生任何效果,反而会适得其反。尤其是对于初次练习瑜伽的人来说,在练习之前更应当掌握,以免练习过程中出现不良。

（1）瘦臀瑜伽是一项循序渐进的运动，练习的时候应当放慢速度，切勿带有攀比或者不服输的想法，尽量以自己的节奏使身体慢慢恢复平衡，那些做不好或者比较难做的动作就能够变得游刃有余，达到最好的练习效果。在刚开始练习的时候如果不能很好地掌握运动节奏，不妨根据自己的呼吸来作判断，当保持一个姿势或在变换体位的过程中感觉呼吸急促，出现憋气的现象，则说明这个姿势超出了个人的能力范围，或者变换体位的动作过于急、猛。一般在瑜伽的书籍和光盘中看到的都是瑜伽老师展示的某个体位的最终姿势，这是长时间练习的结果，对于初学者来说如果急于求成，使劲伸拉，肌肉就会拉伤，反而无法达到瘦臀的目的。

（2）在练习瘦臀瑜伽的过程中，如果出现各种不适或者不舒服的感觉，请立刻回到原来姿势，调整呼吸后多加休息。在练习瑜伽的第一个星期，一些初学者还会有疲劳、不舒服甚至头疼、恶心的感觉，如果出现这种问题，千万不要勉强自己，也不必为自己无法做到最好而感到沮丧，毕竟身体由弱变强需要一段时间，暂停一下瑜伽练习对日后的进步反而有促进的作用。

如果在练习的过程中出现体力不支、身体颤抖等不适，这是因为肌肉在练习的过程中过于疲倦，无法再坚持下去，如果无视肌肉发出的警告而勉强自己完成整套动作，就会造成肌肉拉伤。除了肌肉容易受损外，在做某一姿势时身体某一部位还可能发生剧痛，此时应立刻停下来，待疼痛感消失后再继续练习。如疼痛仍然延续，请在短时间内不要做这个动作。

（3）练习瘦臀瑜伽要求应当注意力完全集中在自己的臀部，即使周围环境较嘈杂，也要尽力排除干扰，专注于瑜伽的练习中。应用心去感知自己所做的每一个动作，随时享受体位的变换给身心带来的愉悦。通过与身体进行交流和沟通，你能够深刻地感知到身心合一带来的奇妙感受，从而使动作的完成更加流畅，效果也会更进一步提高。

（4）呼吸是瘦臀瑜伽练习的重要组成部分，练习呼吸就是练习对身体的控制能力，它就像是一座桥梁连接着你与身体，当你在变化各种体位时，舒缓而深长的呼吸能够使动作更加流畅自然。

（5）练习瘦臀瑜伽要保持身心合一的均衡性，才会容光焕发，体态优美，**身心健康**。在设计动作的时候要注意反向动作的安排，如身体向前屈后别忘了向后伸展，左腿前踢后摆后别忘了右腿也要重复相同动作，只有身体得到全方位的练习，才能够避免肌肉僵硬、痉挛，最终达到瘦臀的目的。

（6）练习瘦臀瑜伽的场所宜选择安静幽雅，空气流通，明亮开放，要求地面必须是结实和稳固的，且有足够的空间伸展手足肢体。房间的温度应当保持在适当的范围内，以身体感觉不冷不热为宜，避免在阳光的直接照射下进行。此外，夏天日光浴、蒸桑拿或者洗热水澡后也不宜立刻练习瑜伽，以免使血液循环加快，增加心脏的负担，正确的时间是休息半个小时以后再开始练习。

（7）在正式练习前做一下简单的预热活动，以免伤害腰椎。对于腰椎间盘有问题的人，一些幅度较大的腰部屈伸动作应该在有保护的情况下做。以双手的力量支持身体的重量时，也要注意对腕关节的保护，正确的姿势是手掌打开，手指向前而不是冲内。

（二）翘臀的瑜伽动作

瑜伽的姿势又叫体位法，即"将身体置于一种平稳、安静、舒适的姿势"，是一种锻炼身体、减肥瘦臀、健康美丽的健身方法。

1. 桥式

促进血液循环，锻炼臀部肌肉，使之更为紧实。

桥式（1）

步骤一：仰卧。

步骤二：双手扶地，双脚收至臀部。

步骤三：吸气保持头、手、脚贴地，同时挺起上身躯干，稳定呼吸，保持10秒。

步骤四：呼气，还原身体到仰卧。

步骤五：完整动作再重复10~20次。

桥式（2）

步骤一：仰卧。

步骤二：弯曲双膝，让脚跟尽量靠近臀下部，双膝距离与肩同宽，双手置于身旁，掌心贴地。

步骤三：吸气，由腰部到臀部慢慢离地向上抬起，肩膀着地，收紧下颚，双手平放地面。

步骤四：吐气，用双手托着腰部，手肘支地，保持姿势，双脚慢慢向前伸直、并拢，使身体形成拱桥状。

步骤五：左脚慢慢向上抬起，直至与地面垂直，保持此姿势，自然呼吸5次。

步骤六：收回姿势，放松，换另一脚重做一遍。

步骤七：以上动作重复做10~20次。

适合初级练习者，孕初期、孕中期皆可练习，不适合孕后期。如有严重颈椎疼痛患者也不可练习。整个练习当中臀部和大腿肌肉要收紧，这样可以在脊椎弯曲时保护背部下方的肌肉不受损伤。

桥式（3）

步骤一：仰卧把脚跟往臀部靠近，手攀着脚跟。

步骤二：慢慢吸气、吐气把臀部夹紧往上抬。

步骤三：做到极限后，静止10秒，然后还原，还原抱膝式左右脚。

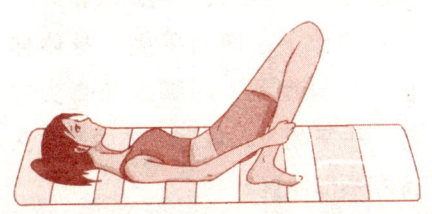

2. 海鸟式

海鸟伸展式可以锻炼臀部肌肉，塑造臀部线条，还有助于增强肩关节的灵活性。

海鸟式（1）

步骤一：左腿在前，右脚脚背着地向后伸展，双手成智慧手印，掌心向上，放于两侧地面之上。

步骤二：吸气，双肘向上带起手臂，上半身垂直于地面。

步骤三：呼气，双肘向两侧推展，头颈后仰，上半身向后弯曲，均匀缓和地呼吸，保持20秒；吸气，身体重心前移至右腿，双肘收回；呼气，放松全身。换另一侧重做一次。

海鸟式（2）

步骤一：俯卧，双手放于胸旁伸直，撑起上半身，双脚大分开。

步骤二：吸气，双脚弯曲，呼气，头颈后仰。

步骤三：保持姿势10秒，还原放松。

步骤四：以上动作重复做10~20次。

3. 顶峰式

顶峰式需要提高臀部，脚跟着地，久坐办公室的人练习这个姿势可以得到很好的放松和休息，并有塑臀效果。

动作1：跪坐，双手向前伸出，取金刚坐姿，臀部慢慢离开小腿，手掌撑于地面，与肩同宽，成基本猫式。

动作2：吸气，手臂、腹部同时施力撑起身体，脚跟提起，伸直两腿，抬起臀部。

动作3：吐气，手臂、肩部、背部向下压，膝盖挺直，脚跟完全踩落地面，背部尽量不要拱起，放松颈部，头部自然下垂，身体呈现倒"V"状，保持10秒。

动作4：慢慢向上抬右腿，收紧臀部肌肉，保持10秒，还原放松，换左腿重做一次。

动作5：以上动作重复做10~20次。

小贴士

高血压病人慎做。

4. 拱门式

能净化脂肪，消除腰部肥胖，使身体柔软苗条。

动作1：仰卧，弯曲双膝与肩同宽，脚跟靠近臀部，手掌向下，自然呼吸片刻。

动作2：吸气，双手过肩，掌心向下，指尖向肩膀，置于双耳旁，依照腰部、胸部、肩部的顺序，双手施力，慢慢抬高身体，头部离地后仰，头顶轻轻放在地面上；吐气，手脚同时施力，将腰部抬高，头后仰，脸部向地下，意识集中在臀部与腰腹部。自然呼吸5次。

动作3：再吸气，体能较好的人可弯曲左脚向上抬高，再慢慢向上伸直与地面垂直，然后换右脚做同样动作；吐气，弯曲双肘，先让头慢慢放回地面，再让背部滑回地面，放松身体。

动作4：重复练习3~5次。

小贴士

如双臂无力，亦可将头着地辅助平衡，但不可将重心全放于头部。高血压及眩晕症的人，禁做此式。

5. 犁式

犁式瑜伽不仅瘦臀，促进人体比例匀称，还不会使体质衰弱。

动作1：仰面平躺，身体伸直，全身绷紧，两脚跟和脚尖并拢，手掌朝下，靠近身体两侧，头部和颈部伸直。

动作2：脚尖绷直，指向与头

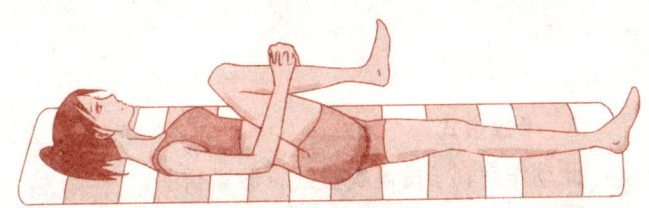

6. 婴儿式

部相反的方向。

动作3：吸气，同时两腿向上抬起，一直抬到和身体垂直的位置。吸气与抬腿要同时进行，双手掌保持原位，贴着地面。

动作4：当腿抬到垂直位置的时候，开始呼气，同时双腿向头部下放，努力使脚趾触及头部前方所能及的地面。接触点的距离尽量向前，但要尽力而行。

动作5：身体保持平稳，保持姿势10~20秒。

动作6：放松，正常的呼吸，缓慢还原。

动作7：重复以上动作10~20次。

进行这套动作，要用感觉支配身体，使身体保持婴儿般的柔和、自然，身心充满了宁静，不仅锻炼臀部肌肉，还能减去腹部赘肉。

动作1：平躺在地上，缓缓地将体内的空气都吐尽，然后深吸一口气，同时右腿屈膝。

动作2：双手环抱右脚脚踝上方，然后将腿拉伸到胸口处，此时肩胛骨微微上抬，脊柱仍然贴紧地面。

动作3：将右腿向上拉直，脚趾向下弯，深吸一口气，屏住呼吸的同时将上身尽量抬起，眼睛看着肚脐部位。

动作4：保持这个姿势5秒钟，然后换左腿交替进行，两条腿各重复5次。

动作5：恢复平躺的姿势，双腿同时屈膝，双手环抱着双腿脚踝双方，并将膝盖拉到胸口处。

动作6：尽可能地屏住呼吸，然后呼气，并同时抬起肩膀和头颈，尽量蜷缩全身，使下颌碰触到膝盖。

小贴士

还原动作要循序渐进，缓慢平稳。

小贴士

做抱膝蜷身的时候，尽量把自己想象成一个球状，如果自身情况允许，还可以自然地左右摇晃，使意识与动作融为一体。

7. 半蝗虫式

此动作有利于提高臀位线，收紧臀肌。

动作1：俯卧在地上，下颌触地。双臂伸直平放在身体两侧，双手握拳。

动作2：掌心向上，将双手放在大腿根处。深呼气，收紧臀部肌肉，用力向上抬起双腿，双臂用力压地。

动作3：保持这个姿势10～20秒，自然呼吸。

动作4：然后慢慢地放下双腿还原，下巴着地，深呼吸一口。

半蝗虫式是由蝗虫式衍化过来的，难度较低，比较适合瑜伽的初学者做，如果双腿无法抬高，可用双拳帮助双腿上抬，或者改为单腿抬起。

8. 变形的蛇伸展功

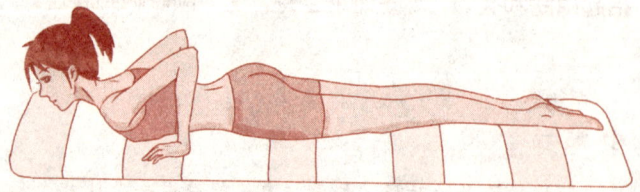

此动作能锻炼臀部肌肉，消除烦躁和压力，使线条更加优美。

动作1：俯卧在地上，低头，下颚触地；双腿伸直，双脚并拢，小腹完全贴地；双臂向后屈肘，两手撑住地板。

动作2：保持这个姿势，慢慢将双臂伸直，同时将上身和头颈缓缓地向上抬起，然后尽量向后仰。

动作3：回到起始体位，右腿屈膝，左臂伸直，左手抓住右脚。

动作4：深吸一口气，然后屏住呼吸，将右臂伸直向上抬起，上身也随着右手向上抬起。保持这个姿势数秒钟，然后换另一侧交替重复3次。

动作不宜过快、过猛，尽量将意识集中在臀部，想象自己身体内的脂肪随着体位的变换而逐渐消失。

9. 鱼式

此动作可以放松髋关节，锻炼臀部肌肉，起到较明显的瘦身效果。

动作1：平躺，双腿伸直并拢。

动作2：吸气，拱起背部，把身体躯干抬离地面，胸口上顶，抬头，轻轻地让头顶紧贴地面。

动作3：双臂伸直，呈合十状，双脚同时抬离地面。

起来重复相同动作。两条腿各进行10次。

动作4：双臂保持平举的姿势，将右腿向右侧横抬起，右脚离地，并将上身向左侧弯曲。抬起右臂，左臂指向地面，两条手臂成为一条斜线。保持这个姿势3秒钟，然后回到起始体位，换另一侧重复相同动作。两侧各交替进行10次。

小贴士

本动作还能有效刺激内分泌腺体分泌，调整甲状腺、脑垂体，促进身体正常发育，纠正驼背、月经不调、痔疮、消除紧张，但便秘者应饮水3杯后再做。

小贴士

如果感觉在向后抬腿的时候，身体总是无法掌握平衡，可以适当降低难度，不用将上身前倾。此外，步骤三是提高难度的动作，初学者可将前面步骤练习熟练后，再挑战横向抬腿的飞机式。

10. 飞机式

此动作能增强肌肉的耐力，减少臀部赘肉。

动作1：双腿并拢站好，将右腿向后伸展，右脚离地，同时手臂向两侧平举至与肩同高。

动作2：收紧臀部，慢慢将身体向前倾呈45度角，同时尽量抬高右腿。保持这个动作10秒钟，尽量让身体保持平衡。

动作3：然后放下右腿，再抬

11. 手枕式

此动作能减少臀部赘肉，拉伸腿后侧韧带。

动作1：侧卧、右侧大臂着地，右手托脸侧面，调整呼吸。

动作2：吸气，曲起左腿，左手抓住左脚。

动作3：呼气，左手向上拉起左腿，左膝绷直，保持数秒，自然地呼吸。

动作4：还原落下，重复3次后，换另一侧再做。

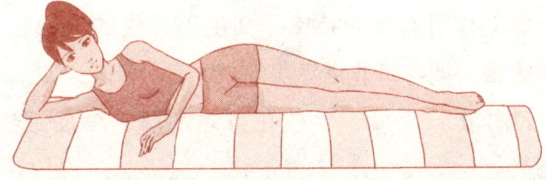

小贴士

拉紧腿部动作时要收紧臀部，使力量集中于臀部肌肉，才能达到紧臀的目的。

12. 舞者之王

此动作可提高臀位线，收紧臀部肌肉，强化腿部平衡能力。

动作1：站正，调整呼吸。

动作2：吸气，曲左腿向后抬，左手抓住左脚，右臂向上伸直。

动作3：呼气，左手拉起左腿向上伸展，右臂前伸维持平衡。保持20秒钟，自然地呼吸。

动作4：呼气，还原，再回到站姿，换腿再做。

动作5：左右各做3次。

小贴士

舞者之王是瑜伽中一个难度较大的平衡动作，需要一定的耐心。

13. 瑜伽球紧臀

本动作可有效对抗由于久坐而产生的臀部松弛，对于瘦臀、塑身有非常完美的效果。

动作1：平躺，手放在身体两侧，脚后跟放在球上。臀部和背部要充分抬起，但肩部要紧贴地面。

动作2：弯曲膝盖，脚踩着瑜伽球向臀部移动，到达你能力的极限后保持两秒钟，然后重新舒展身体。

动作3：双腿伸直，脚后跟置于球上。抬起右腿，脚面绷直，尽自己所能靠近脸部，到达极限后保持20秒。换左腿重复动作。在此过程中，两膝盖都不要弯曲。

动作4：平躺，腿伸直，用脚踝夹紧瑜伽球。然后抬起双腿，直至与地面垂直。

动作5：慢慢降低右腿至与地面成45度角，使瑜伽球静止于右脚脚面，保持3秒钟，还原。换左脚重复动作。

动作6：以上动作如此重复做10~20次。

小贴士

运动要持之以恒，才能锻炼出完美臀形，你做得越多就证明你离完美臀形就越近。

六、瑜伽塑造纤纤细腿

瑜伽显著的瘦腿疗效，比之各式腿部减肥途径都来得科学。瑜伽也是目前好莱坞女星流行的瘦腿方式，梅格·瑞恩、朱莉娅·罗伯茨、伊莉莎白·赫利等大牌明星都是瑜伽爱好者。她们的体会是，练瑜伽既可以塑造诱人的纤纤秀腿，又能达到减轻自身压力的效果。

（一）练习细腿瑜伽的注意事项

许多淑女都怀有一种敬畏的心情去对待它，其实瑜伽并没有什么神秘之处，它不过是一种舒缓、静态的运动方式，无论是练习前、练习中还是练习后都有其独特的、自成体系的要求。

（1）裤子不能太紧，腿部瑜伽韧性的要求很多，所以要穿着宽松、舒适的瑜伽裤，一般最好是赤脚，如果觉得太冷，可以穿棉质的短袜。

（2）初学者要将自己注意力完全集中在腿部，不能够兼顾其他部位。

（3）不要勉强自己做太难的腿部韧带动作。

（二）纤细腿部的瑜伽动作

拥有一双美腿是很多女性的梦想，而柔软结实的肌肉，是塑造美腿的前提。瑜伽瘦腿，既能矫正你的身姿，令你的站姿看上去更加高贵优雅，当然，最重要的是，能帮助你修缮腿形，让你拥有一双迷人靓腿！

1. 树式

树式可以活动身体各部位关节。通过这种活动和对关节肌腱状况的改善，关节部位的血液循环恢复正常，从而使人体关节日渐强化。

对于一般练习者来说，树式能够调节和强健他们的关节和骨髓。它能够增强双腿和双脚的柔韧性，扩大胸围。这是一个易于练习的姿势。第一周每天练习4遍。从第二周起，每天练习6遍。两腿交替练习，每天最多不得超过6遍。

步骤一：站立在地上，眼睛平视前方。双手在身体两侧自然垂放。身体保持正直，站稳，正常呼吸。

步骤二：左腿站立，右腿自膝盖处弯曲，把右腿抬至左侧大腿上，脚后跟和脚底的外侧搁置在左大腿的上部。右脚稍许扭转，压放在左大腿上，但不要用脚后跟，而应用脚后跟外侧压紧左腿。当有脚后跟的外侧紧紧的压在左大腿上时，左腿和整个身体要绷紧伸直。

步骤三：双手从身体两侧向头部抬起。当两手抬到头部上方，双手合十，手掌放在头上，手腕贴着头顶。

步骤四：双手合十放在头顶后，努力将弯曲的臂肘向后用力，使两臂肘处于同一直线上，但注意不要用力过猛。目视前方，站立的右腿绷紧，全身处于紧张状态，正常呼吸。保持这一姿势10秒，你现在的动作就是树式。

步骤五：保持这个姿势达到预定的时间，放开手掌，伸开两臂。再使手臂绷紧放回身体两侧。双手还原后，抓住右腿脚趾，把脚轻轻抬起放回地面。现在，你已恢复到原来的预备姿势。稍事休息，做两次正常呼吸。

步骤六：休息数秒钟后，两腿交替再重复练习几遍这个姿势。第二遍练习时，需用右腿站立，左腿弯曲，在按照第一遍所做的步骤，重复练习这套姿势。

小贴士

这是瑜伽姿势中最为伸展的姿势之一。单腿平衡站立的姿势不但使练习者姿态优雅、挺拔，还能培养出你良好的体态和气质。因为单腿站立，不仅能消除腿部多余脂肪和小腿静脉曲张，同时还有纠正你含胸、驼背的不良习惯。练习树式的最终目的是改掉你的一些不良姿态，更重要的是消除你的"象腿"。

2. 箭式

此式是一个以臀部为支点的平衡姿势，有调节腹部肌肉线条的作用，也有矫正腿形和缓解背痛的作用。

步骤一：仰卧，双臂向下按，抬起双腿，与地面垂直。

步骤二：抬起髋部，双腿伸过头上方。

步骤三：屈肘，双手托住腰部，慢慢打开躯干，伸直。

步骤四：收下巴，顶住胸部，躯干保持挺直，正常呼吸，坚持1～3分钟。

步骤二：努力抬升臀部，同时伸直手臂，尽可能把脚压向地面。尽力用胸部去够天花板，感觉自己的腿和臀已经绷得非常紧了，保持这个姿势，并深深地呼吸。

练习时意识力应放在身体的平衡感和呼吸上，尽量放松肩膀和脸部。初学者腿部不能伸直时也可以先让腿部稍弯曲，但尽量伸直背部。练习时意识力应放在身体的平衡感以及腿部和腰部的伸展感上。坐式平衡的姿势，能强化腰部的力量和身体平衡感，因为向两边伸展手臂和腿部，所以可以伸展到手臂和腿部的肌肉，美化腿部和手臂，消除多余赘肉。此式的主要目的是锻炼你最容易暴露年龄的地方——大腿。

当做这个动作时，你可以想象自己的身体像根拉长的、笔直的木棍一样。

4. 弓形姿势

把手臂转向身后，并让两手相牵，这对锻炼胸肌非常有好处。这个姿势对整个背部、腿筋、腹部、腰部都会有所改善的。

步骤一：坐在地板上，两条腿伸直。弯曲右腿，尽量向臀部收紧，使右脚脚踝靠近左腿根，身体稍侧。

3. 直线姿势

这个动作针对大腿内侧、臀部、小腿等部位，可有效收紧大腿内侧肌肉。

步骤一：坐下，两条腿往前伸直，弯曲双脚，用手撑住身体，手掌向前，把身体拉成一条直线。

步骤二：右手绕过右膝，尽量在身后和左手相抓，这时要用腹部和腰部的力量，并深深呼吸。

步骤三：尽量保持身体笔直，不要弯曲。坚持60秒，换另一侧。

支撑地面，这时你会感觉到压力。

步骤二：努力收紧腹部和腿部的肌肉，坚持一会儿，然后趴在地上休息片刻。重复这个动作数次。

在这个动作中，特别注意腹部要使劲，不能放松。

5. 侧伸姿势

该姿势对整个后背、腿部肌肉、臀部肌肉、腹部和腰肌等都有不同程度的改善。

步骤一：直立，右腿向前迈一大步，左脚向外转45度，使右膝盖和左脚脚趾在一条水平线上，尽量向下压身体，使右侧大腿和地面平行。

步骤二：弯曲身体，把右手的手掌放在右脚的后面，撑住地面。当你尽量伸展左臂的时候，仍然要保持右侧大腿和地面平行。

练习者要收紧腹部和大腿内侧的肌肉，不让手臂肌肉形成难看的脂肪堆。

7. 椅上蹬车式

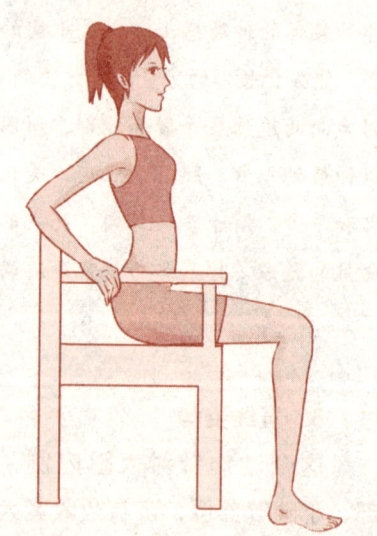

在做这个姿势时，尽量伸展胳膊，不要驼背，这样才能扩展胸部。

6. 俯卧姿势

此式对手臂、腿部肌肉、臀部肌肉、腹部和腰肌、胸部、后背和大腿等部位均有帮助。

步骤一：脸朝下趴在垫子上，用胳膊肘支撑住身体，手臂张开的宽度和肩膀同宽，手指指向正前方。收紧身体的肌肉，提臀。使身体保持一条水平线，脚趾

有效改善因长期工作久坐引起的下半身不适、肥胖，促进下半身血液循环，增强下肢力量，美化腿部线条。

步骤一：正坐于椅上1/2处。

步骤二：后仰，双手抓牢椅把手以稳定重心。

步骤三：屈双腿，正常呼吸，两腿做向前蹬车动作，坚持20～30秒。还原放松。

小贴士

每天做3～5次，坚持1～2周，腿部肌肉即有收紧感。

8. 鳄鱼式

鳄鱼式瑜伽练习有助于矫正脊椎关节盘错位及其他脊柱功能失调的毛病，同时也帮助你消除疲劳。

步骤一：俯卧，把胸部向上抬起，两侧小臂平放于胸前。

步骤二：自然呼吸，尽量长久地保持这个姿势。

小贴士

动作很简单，只需一步，就可轻松完成。

9. 韦氏努式

此式的主要目的是消除大腿外侧和侧腰部脂肪，放松两髋和旁腱。

步骤一：背贴地仰卧，转身做左侧卧式。

步骤二：抬头，弯曲左肘，将头枕于左掌上。

步骤三：左臂和身体成一直线，你的左掌心应放于左耳朵上方托着头。

步骤四：深呼吸3次，举起你的右脚，用右手大拇指和食指抓住右脚大脚趾。

步骤五：吸气，将右臂和右脚伸直，直到两者垂直于地面。

步骤六：正常呼吸，保持动作20秒。

步骤七：弯曲右膝盖，慢慢还原。

步骤八：相反动作。两边各做3次。

小贴士

下蹲至大腿水平于地面的程度，上身尽可能保持竖直抬头挺胸，不要探身前移。

10. 单脚碰头式

腿部可以因此获得充分的伸展，强化腿部肌肉线条，美化修长腿形。

步骤一：从散盘开始，抬起右脚然后用左、右手肘环抱住，身体微微地前后摇动，持续几分钟。左、右手肘环抱，让右腿贴近胸口，头保持直立，右脚拉高，背挺直。

步骤二：松开右腿，两手抓住脚底并尽量让脚底平贴胸口，慢慢将脚往上搬，先经过下巴，然后鼻子，最后移到额头，膝盖往后弯。

步骤三：右肩微微下滑，移到右膝下方，然后尽量把身体拉直，脚后腕尽量放在肩膀上方，试着坐直，不要让背与胸受压迫。

步骤四：慢慢将膝盖伸直，尽量将脚移到头部后方，两手试着在胸前握拳，维持此姿势几秒钟后换到脚练习，两手合掌置于胸前。

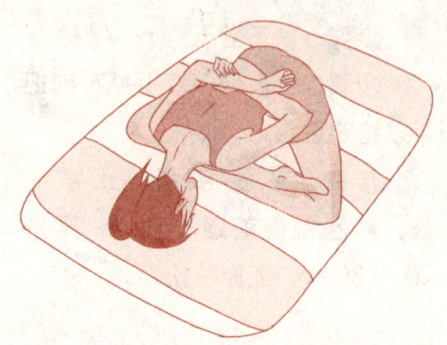

帮助静坐时莲花坐姿坐得更好。

步骤一：双脚交叉坐姿（或单盘、双盘）双手置于背后，右手握住左手腕。吸气。

步骤二：吐气，上身缓缓向前弯曲，到前额、鼻子碰地为止。保持此姿势，停息8秒钟。

步骤三：吸气，起身，回复原来动作。

步骤四：小腿、大腿、后侧筋的拉筋动作。

步骤五：脊椎伸长的动作。

小 贴 士

进行之前要先热身，千万不要勉强做任何困难的动作。

11. 身印式

其不仅对下层的神经丛（脉丛结），尤其是生殖轮附近的腺体有显著的帮助。还可以加强背部伸展，减少腹部脂肪堆积。更主要的是增加双脚的柔软度，

小 贴 士

每天坚持8次。注意事项：首先，上半身前弯时，背部先下，头再下，可避免头部充血过多。其次，尽量以腹部为轴心前弯，而非以身体成拱门状前

弯。再次，交叉坐姿、单盘、双盘以不勉强为原则选用一种。最后，前弯时，臀部不要离开地面。练完此式，最好配合反方向的体位法（如蛇式）练习。

12. 抬腿式

增强了下背的力量，滋养、加强了双腿。有助于消除腿部的多余脂肪。

步骤一：仰卧，双臂置于身体两侧，自然呼吸。呼气的同时，利用腹部力量抬起双腿，直至与上身呈90度。

步骤二：保持姿势，感觉将腹部气体全部排出后，边吸气边将双腿缓慢落下。

步骤三：重复动作 10～20 次。

这个动作重点在于呼吸的控制与意念的集中。呼气、吸气与平日的呼吸顺序有些不同，意念集中于腹部。

13. 鹭鸶式

这个姿势可以彻底地伸展腿部后侧的韧带，增加腿部弹性，预防和减缓小腿抽筋现象。同时增大流向背部的血液，滋养脊柱神经。

步骤一：坐在垫子上，双手往前抓着脚趾。

步骤二：两手的手指抓住右脚的脚底，让右脚慢慢地抬高。柔软度不好的人，可以用手抓住脚踝或小腿处，让你做起来轻松许多，将下巴往天花板抬高，挺胸吸气。

步骤三：一面慢慢地吐气，同时，用两手的力量把右腿拉近身体。右腿做完之后，再换左腿。

在这个姿势的整个过程当中，尽量保持后背的挺拔，如果手接触不到足尖，可以用毛巾，裹住脚踝，抓住毛巾末端即可。

14. 神猴式

有助于治疗坐骨神经痛和其他腿部的疾病。

步骤一：跪在地面上，双手放在身体两侧。

步骤二：膝盖抬起，右腿向前，左腿向后。"呼气"试着把两腿伸直，保持臀部上提。然后把双腿和臀部压向地面，把身体的重量放在双手上。

步骤三：臀部着地，双腿伸直放在地面上。前腿的后侧和后腿的前侧应该紧贴地面。

步骤四：一旦双腿可以伸直，坐在地面上，双手抬起，在胸前合掌，保持平衡。保持这个姿势10～30秒，正常呼吸。

步骤五：双手着地，抬起臀部，两腿前后交换重复这个姿势。

这个优美的姿势主要是伸展大腿、腿筋，保持腿部健康。

15. 踩单车式

这个姿势有助于迅速减掉大腿上的肥肉，使腿部变得细长。

步骤一：仰面躺在地板上，两手交叉抱在头后。

步骤二：两膝向胸部收，把两肩胛骨提离地板，但不是拉动脖子。

步骤三：伸直左腿，与地约成45度角，同时把上身扭向右边，使左肘部向右膝盖靠近。

步骤四：恢复到原来姿势后马上换右腿，使右肘部向左膝盖靠近。

左右轮流，像骑单车的动作一样，建议做12～16次。

16. 舞者

它有效地收缩小腿肚，拉伸大腿的肌肉线条，塑造修长完美的双腿。

步骤一：自然站立，吸气，右腿屈膝，脚跟拉近臀部。

步骤二：右手抓住右脚踝，轻拉起来。

步骤三：呼气，左手前伸，同时右手拉高右腿，上身微微前压，眼睛注视左手延长线。

步骤四：保持平衡，自然呼吸，坚持10秒。

步骤五：依次回复，换另一侧练习。

17. 侧卧抬腿式

此式是锻炼大腿内外侧及腰侧肌肉，使这两部位不致有赘肉、松懈。

步骤一：右侧卧，右肘及左手

掌支撑起上体，右小腿弯曲，左腿伸直触地。

步骤二：默默数数，数一时，左腿向上抬起略高于头部。

步骤三：数二时，还原成预备姿势。

步骤四：反复做64次，然后左腿抬起，静止用力10秒。

步骤五：反方向重复一遍。

小 贴 士

小腿向上弯举时，务必勾腿，脚跟尽量接近臀部，使股二头肌充分收缩；小腿弯举和还原时，切忌甩腿。

小 贴 士

腿抬起和还原时，切忌甩腿，要有意识地控制住腿，抬起的腿务必伸直。

19. 坐姿抬腿式

此式是锻炼大腿股四头肌，使大腿前侧有形，不臃肿。

步骤一：预备姿势为坐姿。然后双手体后支撑，双腿向前伸直并拢。

步骤二：数一时，左腿伸直，尽量上抬。

步骤三：数二时，还原成预备姿势，换右腿做以上动作。

步骤四：两腿交替做反复做64次。

18. 俯卧屈小腿式

此式是锻炼大腿后侧股二头肌，使大腿后侧收紧不松懈。

步骤一：俯卧，双腿伸直并拢双肘支撑，上体抬起45度。

步骤二：默默数数，数一时，两小腿向上弯举勾腿。

步骤三：数二时，还原成预备姿势。

步骤四：反复做64次。

小 贴 士

你的双腿始终保持伸直状态，绷直脚面，腿抬起、还原时皆不可甩腿，一定要控制着抬起和还原。

20. 坐姿勾脚式

此式是锻炼小腿三头肌，使小腿后侧有形；肌肉位置提高，小腿修长。

步骤一：预备姿势为坐姿。双手体后支撑，双腿并拢伸直。

步骤二：默默数数，数一时，双脚用力勾起。

步骤三：数二时，双脚用力绷直。

步骤四：反复做64次。

双脚勾起时脚尖尽量向身体内侧回收；脚跟尽量向身体外侧延伸，上体尽量挺直不动。

21. 半脚尖式

半脚尖式可以修饰小腿曲线，刺激下半身血液循环，不但可以预防腿肚抽筋，还能改善腿部胀气，降低腿部静脉栓塞发生的机会。

步骤一：双膝弯曲下蹲，膝盖并拢，双手扶地，自然呼吸。

步骤二：双脚脚后跟相对，脚尖抬起，双膝向两边尽量打开，吸气身体立直，双手食指与大拇指相扣。自然呼吸3～5秒。

步骤三：吸气，左手抬起，放于胸前，呼气，放松，再次吸气，右手抬起放置头顶，感觉脚尖有很强的受力感。

每天最好练习3～5次以上，完成式维持10秒以上，如果不累，不妨多做几次。通过脚后跟相对并半蹲的动作，使小腿充分受力，所以要反复练习，直到小腿有酸酸痛痛的感觉才有效。这组练习能够锻炼我们脚尖与脚踝的柔韧性。

22. 战士式

战士式因为腿筋得到舒展，因此可以修长腿部线条，并预防坐骨神经痛。

步骤一：屈右膝，左膝跪地，身体立直。双手胸前合掌。目视前方，保持自然呼吸。

步骤二：吸气，左膝抬起并伸

直。双手合掌向前推出。呼气,使大腿尽量与地面保持平行。

步骤三:双手扶地,右手放在右脚内侧,吸气,左手向上打开,与地面垂直,眼睛看着左手指尖,保持数秒。

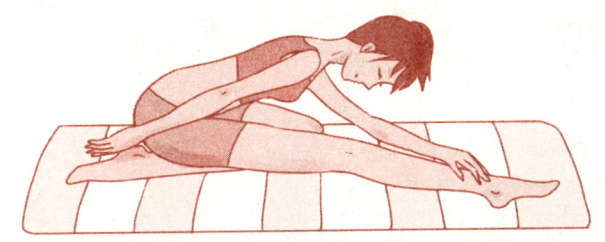

步骤一:将左膝跪在垫子上,双手放在右腿两侧,保持自然的呼吸。

步骤二:吸气,抬起左小腿,右手抓住左脚腕,呼气,左手臂尽量向远伸展,保持身体立直数秒。

步骤三:呼气,左膝弯曲,重心向后移动,臀部放在左脚跟上。右腿放在地面,伸直右腿,头、胸、腹尽量向腿部靠拢。保持自然的呼吸,放松。

初学者不必勉强自己,只要感受得到腿筋得到伸展即可。每天可练习5次,每次完成式停留约5秒钟,要注意做动作2与动作3后,着地的膝盖不要弯曲。

23. 瘦腿式

具有瘦大腿、修长腿线的作用,能够促进血液循环,预防坐骨神经痛、下肢肌肉运动麻痹、腿部抽筋、关节疼痛、下肢疼痛。

每天做3～5次,每次停留5～10秒。不久后,可以发现腿部筋骨较不易僵硬,柔软度也会越来越好了。你必须注意:呼气时可用力缩小小腹,练习时集中精力,心情平静。

Part 4
健身操瘦身：练出苗条好身姿

淑女瘦身秘笈
Shu Nü shou shen mi ji

　　拥有"S"型曲线是每个淑女梦寐以求的身材，但是，对着镜子中不够完美的自己，顿感失落。于是，很多淑女就急于找到一种既简便又有效的修身方法。那么，不如来试试健身操吧！健身操是控制、减轻体重较好的健身项目。它能够根据身体各个部位，进行相应的减肥修身。健身操是融体操、音乐、舞蹈于一体的运动，因此，在训练过程中，不会觉得枯燥乏味，就能够练出苗条的好身段。

一、健身操瘦身原理

如今,很多MM加入到健身操瘦身的行列中来,那么,大家对健身操到底了解多少呢?你知道健身操的瘦身原理是什么吗?下面,就来历数一下健身操的原理:

1. 动作简单

健身操的动作通常都比较简单,学起来比较容易。无论哪个年龄段的MM都可以很快的学成,在理解过程中,不会有难懂、难做的问题出现。所以,不管你对运动减肥多么不在行,都可以来进行健身操减肥,绝不会让你无功而返的。

2. 动作对称,重复练习

健身操讲究的是对称,不管哪一组动作,不管针对身体什么部位进行的运动,都是协调平衡的,不会让你在锻炼中顾此失彼。但是,健身操瘦身不是一朝一夕就能够有快速效果的,如果你选择了健身操这个减肥方式,那么一定要持之以恒。健身操强调重复练习,只有每个动作都能够重复多次,才能够达到预期的效果。

3. 大幅度动作练习

健身操强调的是大幅度的动作练习,身体的各部位都要最大限度地伸展,通过最舒展的动作,达到修身减肥的效果。如果扭扭捏捏是做不好健身操的,更不用说减肥了。

4. 具有明快的节奏

健身操通常都是以配乐形式进行的,跟着音乐或声音指导的节奏,进行规范的运动,形成动感和韵律风格。女子健身操注重上胸、腰、腹、臀部的训练。健身操力度强、幅度大、消耗多、优美大方且富于时代特点,深受青年人的喜爱。

二、减肥操打造精致小脸

想象一下,原本窈窕的身材上配上一张圆圆的脸,确实让人感觉多了一分丰润而少了一分清丽。因此,瘦脸成为胖脸 MM 所追求的目标。不用怕,瘦脸减肥操可以帮你达到瘦脸目标。

1. 面部减肥操

面部减肥操(1):

早晚洗脸后,双手轻轻拍打或敲击脸部,待脸颊呈微红为止。此方法不但能促进脸部血液循环,使脸色变红润,还能达到收紧面部、突出轮廓的效果。这个方法不用花费金钱,只要持之以恒即可,值得一试。

面部减肥操(2):

步骤一:除了大拇指以外的其余四根手指靠拢,放在脸上大约是上下臼齿的位置,在脸上画圆,从内向外的方式,轻轻地拍打3~5圈,一边做完之后再换另一边进行拍打,重复5次。拍打时,嘴巴肌肉是放松的状态,所以会呈现出微微张开的样子。

步骤二:在两颊的部位,用大拇指同样是由内往外用轻轻压迫的方式,也是画小圆圈,这个动作可以两颊一起做,画大约100~120下即可。

步骤三:最后一个动作是用手掌并拢,一左一右地拍打脸颊肌肤40~50下。

面部减肥操(3):

步骤一:闭嘴,面对镜子微笑,直到两腮的肌肉疲劳为止。这个动作能增强腮部肌肉的弹性,保持脸形。白天也应做几次。

步骤二:眼睛瞪得越大越好,绷

紧脸部所有肌肉，然后放松，重复4次。这个动作有利于保持脸部肌肉的弹性。

步骤三：皱起并抽动鼻子，不少于12次，这个动作能使血液畅流鼻部，保持鼻肌的韧性。

步骤四：将注意力集中于腮部，双唇略突，使两腮塌陷。重复几次。这个动作能防止嘴角产生深皱纹。

步骤五：鼓起两腮，默数到6，重复1次。这个动作能保持腮部不变形。

步骤六：张开嘴，双唇微撇，然后慢慢闭上嘴（双唇始终鼓着），重复10次。这个动作可改善鼻尖的血液循环，保持上唇优美。

2. 表情肌肉练习操

人类面部肌肉多达19块，只有充分调动这些肌肉，才能达到紧实肌肉，实现瘦脸的效果。锻炼笑肌，让表情丰富起来。增进脸部肌肉的弹力，让面部肌肉更加紧实，预防皱纹出现。

动作1：双手掌搓擦，产生热感后，将除拇指外的四指在嘴角旁相向对齐，然后轻柔地沿脸颊由下向上轻轻摩擦，让肌肉向上收紧。

动作2：双手用食指、中指、无名指按压眼尾部，呼气时强压，放开时吸气，反复6次。

动作3：嘴唇轻闭，上下唇朝口中卷，先后将嘴角左右斜向，各往上提升5秒钟。

动作4：嘴唇成U字形，嘴角尽量向两边拉开5秒钟。每次做5遍。

动作5：口纵向微开，嘴角尽量向上提升，直到牙齿和颊部黏膜形成空间，停留5秒钟。每次做3遍。

小贴士

做脸部肌肉锻炼时，对着镜子检查肌肉运动，精神、身体都要放松。集中注意，使意识随肌肉活动同时进行。缓慢、充分地活动肌肉。要每天耐心坚持锻炼。开始时用力不要过猛。

3. 字母练习操

为了反映不同的情绪和对外界的刺激，每个人的脸部都在不断地变化。脸部如此富有表情，得益于复杂的表情肌，当它们收缩时就改变了脸部的外观，形成了喜怒哀乐等不同表情。肌肉连接皮肤非常紧密，肌肉纤维哪怕只有轻微一点点收缩，也能给皮肤带来很大的变化。

若要使自己的面部显得清秀、可人，就必须锻炼自己的面部肌肉。经常做脸部操，不但皮肤会更光洁、滋润，而且肌肉能绷紧你的皮肤，显得面部轮廓分明、充满生气。这样做虽然难，但只要坚持练习，相信一定会取得成功。

字母操（1）：锻炼颧骨肌

步骤一：嘴张大（以可容两个手指宽为宜），练习发"a"音。嘴角用力，嘴扁平，发"i"音。然后，嘴迅速嘟起，发"u"音。以此练习口腔肌肉。嘴扁平，轻松地发"e"音。然后练习发"o"音。以上练习早晚各5次。

步骤二：双手按住双颊，反复按摩，可促进血液循环，并使表情肌得到休息。

步骤三：用双手食指按压颧骨的最高点，念字母"o"的音，可以锻炼颧骨肌。

步骤四：中指压在人中部位，食指和无名指压在法令纹上，发出字母"o"的音。

步骤五：还是用相同的动作，换成念"哇"的音，脸就像是大笑时那样展开来，能明显感到脸部的紧实。四、五两个步骤各做30次。

步骤六：手保持相同的动作，改发字母"e"的音，嘴巴尽量向两侧打开，但是下巴不要过于用力。

四、六两个步骤各做10次。

字母操（2）：锻炼上唇拳肌

步骤一：人中向下方用力伸展，两手食指放在鼻翼两侧，嘴巴呈现字母"o"的形状，鼻翼到嘴角的法令纹会有被"上提"的感觉吧。

步骤二：嘴巴维持"o"字，手按住法令纹最下端，肌肉会有向下延伸的感觉，可以改善嘴角到下巴的法令纹。

字母操（3）：锻炼笑肌

步骤一：发出字母"e"的音，嘴角向两侧上提打开。这时上嘴唇要包住上排牙齿，持续做"笑"的表情，嘴角在往两旁伸展的时候，笑肌就能得到锻炼。

步骤二：维持字母"e"的动作，再将下巴往前突出，由下往上微微抬起，这样能改善嘴角到下巴的纹路。

字母操（4）：对镜自我练习

当然除了做脸部操，保持心情舒畅、生活规律是使你面部生动和谐的最好方法。通过在保持良好平衡的前提下锻炼脸部肌肉，并借此将每个人本来就拥有的力量激发出来。

4. 紧肤操

帮助新陈代谢，促进血液循环，预防面部肌肉松弛下垂。放松身心，发泄情绪，改善睡眠。

步骤一：身体前倾，双膝、双手撑地，小腿抬起，低头含胸，缩腹，拱背。

步骤二：抬头下腰，用力张嘴，将舌头尽量向下方伸出，眼睛看向前方，保持20秒。

步骤三：将嘴角用力向两边拉伸，嘴唇形成一条自然的直线，感觉到嘴角两边肌肉缩紧，保持数秒后，放松。

5. 口腔运动操

这种动作不但运动到脸、口、唇、颊，而且同时运动到了胸锁乳突肌而消除双下巴，还清洁了口腔。

步骤一：准备一杯水。

步骤二：喝一口水含在口腔中（平时的分量），通常只要练习两三次后，就能掌握要领抓住要点。

步骤三：使用口腔及两颊的力量，将水分由口腔内壁射出至嘴唇内壁，重点将口腔内的水透过牙齿之间的缝隙穿透出去，此时水分的力量会使脸颊肌肉渐渐紧实，再利用口腔及两颊的力量将水分吸回口腔骨，时间约半秒。

步骤四：一面用指尖压往下巴，一面舌头尖端用力，尽量地伸出舌头。

步骤五：做完后，如果口中的水是早晚刷牙用的水，请你将口中的水吐掉，如果可以喝的矿泉水不妨将水喝下去，补充一天中的水分。

步骤六：每天早晚各一组，每组运动次数为年龄乘以3。坚持三个月，或更长时期，效果会更好。

6. 紧致消肿操

肌肤的紧致是至关重要的，不管是身上的肌肤还是脸上的肌肤，如果肌肤浮肿没有光泽，都会给人大一圈的感觉。每天坚持做"紧致肌肤瘦脸操"，就能拥有像明星一样的娇俏小脸。

步骤一：将两手拇指放在太阳穴上，一边吸气，一边按照内侧—前方—下方的顺序轻轻按压，共10次。

步骤二：两手放在额头上，吸气时，用两个拇指按压额角，呼气时放松，共10次。

步骤三：用一只手抓住额头，另一只手抓住鼻根，两手交换做同样的动作，各10次。

像一个闻胡萝卜的小兔子那样。完成10次。

步骤四：吸住脸颊，向前努嘴，发"伊久姆"三个音。共10次。

步骤五：吐出舌头，下颌保持不动，坚持几秒钟。共20次。

步骤六：卷舌，舌尖向后收，然后整个舌头向前伸，下颌向下伸。共20次。

步骤七：右上唇向上抬，然后放下；左唇重复同样的动作；下唇保持不动；向上拉整个上唇，露出上排牙齿，共10次。

瘦脸按摩时双手所用的力不可太轻，也不可太重，要使脸部皮肤下的肌肉有提升感。整套按摩完成后，别忘了清洁手部。

7. 塑造脸型操

坐在家里是否无所事事？对着镜子来个简单好玩的魔镜操，不但可以消除疲劳，也可以让苹果脸向瓜子脸转型。

步骤一：坐在镜子前，看着自己的眼睛。将右上眼皮微抬，高于正常姿势，接着换成左眼。各重复20次。注意不能使额头起皱纹。

步骤二：眼球就像钟表的指针那样向左转，然后向右转。头和眉毛应当保持不动。一次完成4组，每组左右各5次。

步骤三：皱起鼻子上的肌肉，露出上排牙齿。就

一定要在洗脸后的5分钟内涂上瘦脸霜，皮肤越湿润就越好吸收。每次用量要少，薄薄的一层，吸收更快。涂抹时，用中指、无名指指腹轻轻拍打肌肤，帮助瘦脸精华渗透。有时候，颈部肌肤比脸部还需要提升和收紧，所以每次涂抹瘦脸霜，不妨把范围扩大到脖颈。

三、健身操打造纤细臂膀

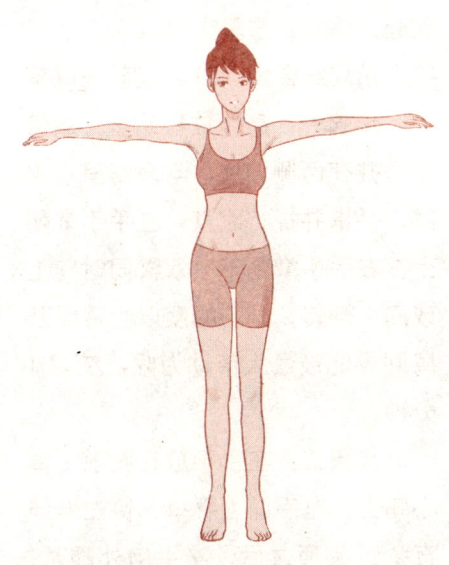

MM 们也许还不知道，手臂的纤细与否，直接影响到身材的整体感观。也就是说，如果一个体重并不轻的淑女，可手臂却很细，一样会使人产生身材苗条的感觉；相反，如果手臂比较粗，尽管身材并不臃肿，也会让人觉得不够纤瘦窈窕。这种错觉会使你的体重比实际体重轻或重 1～1.5 公斤，由此可见，想要自己在最短的时间"瘦"下来，先减手臂确实是一个聪明的做法。瘦臂健身操，就可以帮助你达到这个目的！

1. 清晨的见缝插针纤臂操

经过一夜的睡眠，不仅头昏沉沉的，就连手臂也好像"背叛"了身体，变得松软无力。由于各种原因，很多女性不能经常参加健身活动或者去健身房锻炼，结果变成"肩不能挑、臂不能挎、手无缚鸡之力"的"书生"，虽然符合杨柳枝"柔弱无骨"，但是却远远达不到其"弹性柔韧"的特性，为了能够改善手臂的这种状况，不妨在晨起之后见缝插针，利用出门前的一点时间做做纤臂操，不仅能让手臂变得健美苗条，还会使身体得到充分的舒展，让你一整天都能神清气爽。

清晨纤臂操（1）：靠墙侧举

步骤一：背站在墙壁前，后背紧紧贴在墙面上，然后慢慢向下滑落，直到双腿呈垂直角度，膝盖在脚踝上方。双手各持一个哑铃，手臂弯曲 90°，哑铃与腰部齐平。慢慢将哑铃沿着身体两侧向上举起，直到与肩膀平行。停留 1 秒钟，再慢慢地放回原位。重复相同动作 10～15 次。

步骤二：保持步骤一的姿势，手持哑铃慢慢向上举起，掌心朝前。双臂应紧贴着身体向上抬举，同时用力挤压肩膀。待手臂几乎伸直之时，保持这个姿势2秒钟，然后再将手臂慢慢放低。重复相同动作 10～15 次。

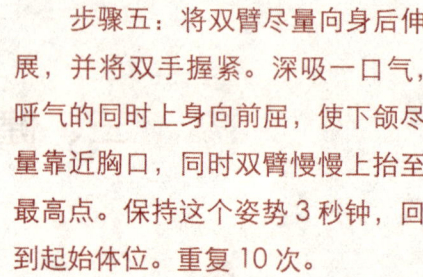

清晨纤臂操（2）：握手伸展

步骤一：身体站直，两脚分立，双臂慢慢向前抬起伸直，与身体呈垂直角度。将十指交叉紧握，深吸一口气，将双臂尽量向上伸展，手臂内侧紧贴双耳，手掌朝天。保持这个姿势 10～15 秒，然后放下手臂，同时呼气。

步骤二：双手用力攥成拳头，使手臂肌肉绷紧，并将力量集中在上臂。保持这个姿势，肩膀向后伸展，使肩胛骨尽量收拢。保持 3 秒钟后，肩膀与双手同时放松，并在半分钟之内重复相同动作 13 次。

步骤三：盘坐在地上，深吸一口气，将十指交叉置于脑后。手肘尽量向后扩展，同时呼气。再次深吸一口气，将右手尽量从右肩伸向背部左下方，左手从背部下方向右上方伸。两只手互相用力拉扯，同时慢慢呼气。保持 10 秒钟后，双手换位重复相同动作。

步骤四：双手交叉相握置于腹前，两臂向上举同时翻掌。抬头挺胸，手臂尽量伸直，眼睛一直注视双手。保持这个姿势 3 秒钟。重复相同动作 5 次。

步骤五：将双臂尽量向身后伸展，并将双手握紧。深吸一口气，呼气的同时上身向前屈，使下颌尽量靠近胸口，同时双臂慢慢上抬至最高点。保持这个姿势 3 秒钟，回到起始体位。重复 10 次。

清晨纤臂操（3）：扭转与翻落

步骤一：身体放松站直，双臂平举并在两侧伸展，与肩膀呈水平线，手指并拢、绷直。左手手掌朝上，右手手掌朝下，双臂同时向上或向下翻转，翻转幅度以上臂以及肩胛骨能被最大带动为限。练习 1 分钟。

步骤二：左手平放在腹前，掌心朝上，左手向上平举。待左臂伸直举过头顶之后，左手向外翻掌，手臂向左侧转动并缓缓下落，在下落的过程中掌心朝下。换另一侧重复相同动作。两侧各进行 3 次。

步骤三：双腿分开直立，双臂自然下垂。将左手置于臀部，同时右臂向上抬举，头颈向左转看右脚跟，保持这个姿势 3 秒钟。回到原来姿势，换另一侧重复相同动作。两侧各进行 5 次。

PART 4 健身操瘦身：练出苗条好身姿

清晨纤臂操（4）：反撑地起身

步骤一：身体挺直坐在垫子上，双腿屈膝，双手自然垂于身体两侧，深呼吸数次。

步骤二：身体慢慢向后仰，以双肘和前臂支撑上半身，指尖朝前，臀部稍稍离开地面。保持这个姿势3秒钟，然后将身体放下。重复步骤二的动作4～5次。

2. 舒筋活血的毛巾纤臂操

通过各种拉扯、拉伸的动作，使手臂、肩膀的肌肉以及韧带得到有效运动，塑造成美好的香肩美臂。此外，这套毛巾操还能够缓解肩膀、颈椎等的压力与酸痛感，对于整日伏案工作的OL来说是再好不过的舒筋活血运动了。

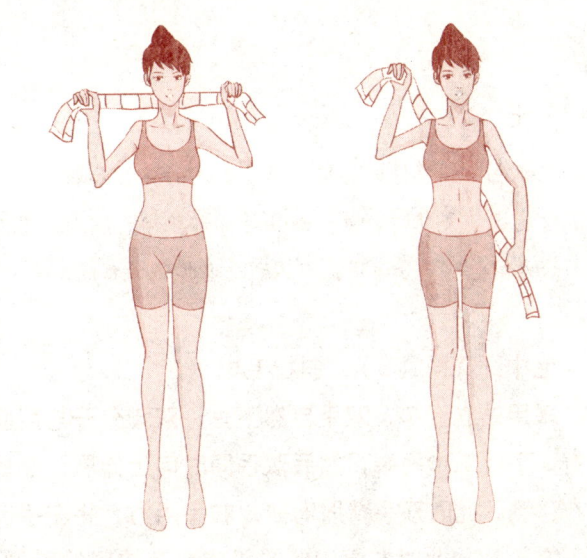

小贴士

初学者每个回合做10～15次，熟练后可做20～25次。每做完1回合就可以休息1分钟，共进行10～15个回合。此外，在进行下拉的时候，毛巾不可远离头部，以免给肩膀带来过大的压力，导致肌肉受到损伤。

毛巾纤臂操（1）：下拉发力

双脚自然分立与肩膀同宽，然后将膝盖微微向前弯曲，两脚尖稍冲外站好。双手持毛巾的两端，手臂同时向前伸直并高举至头顶。将毛巾紧贴于头部后方，双手抓住毛巾向肩部下拉。

毛巾纤臂操（2）：逆向发力

双脚自然分立与肩膀同宽，然后将膝盖微微向前弯曲，两脚尖稍冲外站好。双手持毛巾两端，并将毛巾紧贴背部。双臂同时逆向发力，即左手向上拉伸，右手向下拉扯，使毛巾呈一条拉紧的斜线，手臂也会随之绷紧。放松手臂，回到起始位置，重复相同动作。两侧各进行10～20次。

小贴士

在做毛巾纤臂操的时候，通过不同的位置和拉扯的方向不仅能调动手臂的力量，而且对背部肌肉、胸部以及肩颈部的力量也能充分运用，以达到全身锻炼的目的。

毛巾纤臂操（3）：斜拉毛巾

采用站立姿势，双手自然下垂，双脚分开与肩膀同宽。手持毛巾两端，然后双手同时向上伸展，然后向右移动。此时双手臂肘弯曲，右手用力，将左手向右下方拉扯，此时左臂内侧的肌肉会有拉紧的感觉。将手臂回到向上伸直的状态，再将双手向左移动，动作同步骤二。两侧各进行4～8次。

因为采用毛巾当作辅助器材，所以能够使普通的伸展运动更具有强化肌肉、塑造线条的作用。平时可以在清晨起床或者晚上看电视的时候进行，不会耽误您太多的时间。

3. 瘦臂美人的传球操

锻炼手臂肌肉的同时，使手臂韧带更有弹性。此外，经常练习还能帮助肩背部放松，避免因长期不运动而造成身体僵化、肩周炎等问题。

步骤一：双脚分开站好，两脚间的距离与肩膀同

宽，后背挺直的同时将膝盖微微向前弯曲。

步骤二：双手握球置于臀部，双眼向前直视。先右手持球，双臂同时向上抬举伸直，举至头顶后将右手的球传至左手。

步骤三：将双臂慢慢放下，回到原来的位置，换左手持球，然后重复"举臂—传球—放下"的动作。两臂重复相同动作各20次。

整套动作不宜过快，以免将运

动强度都转移到手腕上，造成手腕韧带拉伤。正确的方法应当依靠手臂尤其是上臂的力量进行传球，当动作熟练后，双臂动作看起来就像转动的风车。此外在练习时，手臂、后背、脖颈都应当保持挺直状态，这样就能自然而然的传球，而并非将球滚来滚去。

角度。重复相同动作12次，然后换右臂进行。

小 贴 士

"躺"在健身球上的时候，不要将头部枕在球上，而应当将肩膀作为支撑，使腰部、臀部以及背部向上呈一个"弓"型，这样在进行手臂锻炼的同时对身体其他部位也能起到相应的作用。

4. 在健身球上的哑铃纤臂操

与普通的哑铃操不同，借助健身球的力量能够同时锻炼手臂三头肌，使手臂线条更加富有立体感，对臀部肌肉也有较好的锻炼。

哑铃纤臂操（2）：俯卧上举

哑铃纤臂操（1）：仰卧上举

步骤一：坐在健身球上，左手持哑铃，手臂垂直向地面伸展，然后将身体缓缓向下滑动。当身体滑至图中所示的姿势时，将左臂略微弯曲并向上抬举，直到左臂完全伸直。

步骤二：将右手放在左臂的二头肌处，保持这个姿势不变，然后将左臂慢慢向右侧落下，至哑铃能触到右侧肩膀后，再将左臂缓缓向上抬起伸直，高举至与身体呈垂直

功能：使手臂肌肉与肘部关节得到充分的舒展，并锻炼了臂膀肌肉的耐受力，减少手臂多余脂肪，使身体曲线更加优美。

步骤一：双手各持一个哑铃站在健身球前，双腿向前屈膝的同时，双臂保持伸展向下的姿势。然后将

身体的重心慢慢转移到健身球上，在身体达到平衡之后，再将健身球缓缓滑到胃部的位置，此时的姿势应当是趴在健身球上，且脚尖踮起，并绷直身体，使之从头到脚成为一条直线，如图示。

步骤二：此时可以感到臀部、大腿、背部的肌肉有明显的收紧。保持身体重心不变，将双臂同时向上弯曲，使手掌与哑铃能够达到肩膀的位置，然后再将手臂向地板方向伸展。两个连续动作为一组，共练习15次。

小贴士

在进行屈臂练习时，在活动前臂的同时，上臂应当保持静止的状态。这样做的目的有两个，第一个是为了保持身体的平衡，以免从健身球上摔下对身体造成伤害；第二个目的则是为了增强锻炼手臂的效果。

哑铃纤臂操（3）：举臂抬腿

能够增加手臂肌肉的耐受力，同时修正从肩膀到上臂的线条，令臂膀得到充分的锻炼。除了锻炼手臂外，举臂抬腿还能同时锻炼臀部以及腰腹部的肌肉，使身体各部位的协调能力得到加强。

步骤一：坐在健身球上保持静止的姿势，挺胸抬头，收紧腰腹部肌肉，双腿分开并且膝关节呈垂直角度。

步骤二：双手分别持一个哑铃，掌心相对，然后将前臂向上弯曲，把哑铃举至肩膀的高度。

步骤三：将右手慢慢举过头顶，与此同时将左腿向前抬起伸直，使腿部与地面保持平行状态，尽量将手臂与大腿肌肉绷紧，使之得到充分的锻炼。保持这个姿势5秒钟，然后将右手与左腿慢慢放下，回到最初的起始位置。换另一侧重复相同的动作，两侧各练习15次。

小贴士

在练习的时候，背部应当始终处于挺直的状态。如果担心背部会不自觉的弯曲，不妨在练习之前穿一件收腹衣，以保持身体的紧绷感。

哑铃纤臂操（4）：高举哑铃

步骤一：身体直立坐在健身球上，收紧腹部，双腿合拢，双手分别持哑铃的两端。

步骤二：将哑铃高举过头顶，然后慢慢向后弯曲臂肘，将哑铃置于脑后部位，此时上臂内侧有向上

PART 4 健身操瘦身：练出苗条好身姿

抻拉之感。

步骤三：继续弯曲臂肘，尽量使哑铃触到背部。保持这个姿势2秒钟，然后慢慢将手臂向上抬起、落下即可。重复相同动作15～20次。

小贴士

臂肘向后弯曲时，应当根据个人的身体状况进行，注意动作一定要轻柔缓和，以免造成臂肘、肩膀肌肉拉伤。

健身球，瘦臂的辅助道具。

结构简单但优点和用途很多的健身球，让你在家里也可以享受到健身的乐趣。健身球对空间的要求不高，配合其他运动器具练习还能提高人体的柔韧性和平衡性，就连NBA里的大牌明星平时也会用它训练呢！每周只要坚持2～3次的20分钟运动，保证让你无须委屈自己的胃口也能得到纤细的手臂！

5. 轻松瘦臂的三步水瓶操

上臂外侧是最容易堆积脂肪的部位，过粗的手臂会使人产生胖了2公斤的错觉，不过有了经典的水瓶操就不必再担心，只要做一点小小的努力，集中对手臂最易发胖的部位进行运动，就可以让手臂变得紧实、健美，与整体形象更加和谐！

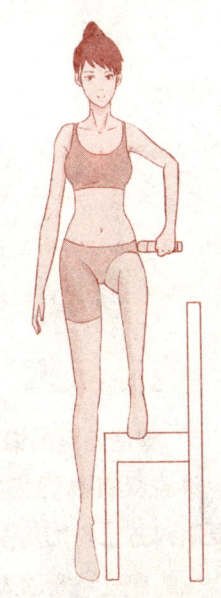

步骤一：腰部、头颈部保持静止不动的状态，将右手臂慢慢抬起伸直，利用手臂的力量向身体左侧弯曲。保持这个姿势2秒钟，右臂回到起始位置，然后换左臂重复相同的动作。每组练习15～25次。

步骤二：双手持水瓶垂于身体两侧，掌心向前，身体其他部位保持静止不动的状态，利用肩关节的力量将两臂同时向后进行360度旋转，旋转的同时手臂尽量伸直不弯曲。最后将双臂回到起始的位置，此时掌心朝后、手背朝前。每组练习15～25次。

步骤三：左脚踏在椅子上，大腿与小腿之间呈90度。左手握住水瓶，并将瓶盖部分抵至腰间，使上臂与前臂之间同样呈垂直的角度。保持手臂、腿部垂直的姿势，将上臂向上抬高，使肩膀到上臂之间的肌肉有明显的拉扯绷紧感。保持这个姿势2秒钟，换右臂重复相同的动作。每组练习15～25次。

小贴士

选择水瓶时，瓶子的重量应当根据自己的负重来选择。通常来说，瓶子的重量应当比自身负重少3～4公斤。此外，在进行练习时可进行多组练习，每组练习完毕后应休息1～2分钟，同时还可配合优美的音乐来增加练习的乐趣。

6. 塑造美臂的懒人操

谁说只有高强度的运动才能够让手臂瘦下来？只要用对方法再加上坚持不懈的努力，即使是"懒美人"也能拥有一双动人的臂膀。

懒人操（1）：

步骤一：首先将手臂做一下热身运动，时间不用太长，1分钟刚刚好。

步骤二：双手持两支750毫升容器的瓶颈（葡萄酒瓶、啤酒瓶皆可），伸直后平举停留30秒钟；然后将双臂分别向两侧伸展，与肩膀呈一条水平线，坚持30秒；将双手举过头顶，坚持30秒后放下；最后将上臂紧贴身体两侧，掌心向上，将前臂抬起，与上臂呈垂直角度，坚持30秒钟。

步骤三：双臂回到最初体位，左臂紧贴大腿外侧，右手臂高举过头顶，向身体左侧弯至最大极限。保持这个姿势1分钟，将右臂重新放回身体右侧，换左臂重复相同动作。两臂各进行2～5次。

步骤四：双手自然垂在身体两侧，将头部向后仰至最大极限，同时胸部尽量向前挺直。保持这个姿势30秒钟，然后重复相同动作3次。

懒人操（2）：

步骤一：上身自然挺直，左腿向斜后方迈一小步，脚尖点地，左腿绷紧蹬直。

步骤二：双手握住瓶子，两臂屈肘成垂直角度，拳心冲前。

步骤三：保持身体重心，挺胸收腹，然后抬起左腿。手臂发力，使上身和左膝同时向彼此靠拢，左臂肘部触到左膝。

步骤四：保持这个姿势2秒钟，回到起始体位，换另一侧重复相同动作。10～15次为一组，两侧各交替进行2～3组。

小贴士

手臂操的练习应当坚持1周以上，每天早晚各做一次，每次时间为15～20分钟。在进行每一个步骤时，瓶子不要离手，因为负重的拉伸运动才是最优效果的。此外，在运动前应先明确减肥的真正目的：不是体重减得越多越好，而是为了塑造出完美的身材曲线。

7. 专减赘肉的椅上纤臂操

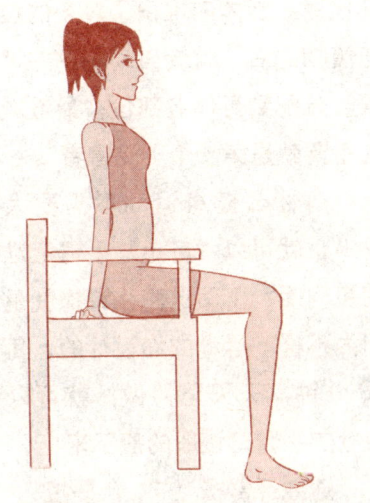

俗话说："站着不如坐着"，可是一整天都坐着的滋味并不好受，尤其是整日伏案工作的OL虽然需要经常操作电脑，但是活动的只有手腕，手臂却"纹丝不动"。这样造成的后果有两种：手腕由于过度疲劳而患上腕管综合征，手臂却由于缺少运动而日渐"发胖"，变得酸软无力。因此，经常练习这一套椅上运动纤臂操不仅能减少手臂多余的脂肪，保持手臂的优美线条，还可以缓解手腕的疲劳，对于消除疲劳、提高工作效率也非常有帮助。

椅上纤臂操（1）：左右转体

坐于椅子上，脚尖点地，挺胸抬头，目视前方，将双臂自然垂放于身体两侧。将双臂向上高举至头顶，眼睛随着指尖移动。下半身保持不动状态，上身向左转。高举左臂的同时，将右臂向左侧弯曲，越过肩膀尽量触摸到椅背。停留5秒钟，换另一侧重复相同动作。

椅上纤臂操（2）：屈肘拉腹伸展

背对着椅子坐在地上，双腿略微屈膝，双手向后反抓住椅子边沿。手臂用力使臀部离地，前臂与上臂呈垂直角度，上身与上臂呈垂直角度。双臂用力向上撑起，同时蹬直双腿，使身体成为一条斜线。保持这个姿势2秒钟，回到起始体位，重新撑起身体。重复相同动作15次。

在进行到（2）步骤三的时候，应注意手臂不要完全伸直，以略为屈肘为宜。

椅上纤臂操（3）：提臀前移

坐在椅子边沿，大腿与小腿呈自然的垂直状态。将双手分别放在臀部下面，支撑身体。收缩臀部肌肉的同时，手臂用力使臀部慢慢抬起，同时注意保持背部挺直。保持这个姿势 4～6 秒钟，然后弯曲肘部，将臀部向前移至座位之外。身体慢慢下沉，直至前臂与上臂形成垂直。保持这个姿势 4～6 秒钟，然后双臂用力撑起身体，回到最初的体位。

小贴士

经常做此动作，可以起到强健手臂、腰腹以及臀部的作用，对腰痛和坐骨神经痛也有不错的辅助疗效。不过锻炼的时候应当根据个人情况，不要过于用力，以免拉伤肌肉。

椅上纤臂操（4）：活动手腕

双脚开立，与肩同宽，将上臂紧贴上身两侧，小臂抬起并向前伸直，与地面保持平行。四指并拢，大拇指轻轻扣在上面；以腕关节为轴，用力做绕环运动。左右各绕 3 圈，持续练习 30 秒钟。练习完毕后，应放松双手，向下甩动双手，使肌肉得到放松。

小贴士

活动手腕的时候不要过于紧张，动作的幅度与力度应适中，开始时动作较缓慢，以后循序渐进逐渐加快速度。

8. 客厅里的速效纤臂操

工作、学习累了一整天，吃完晚餐后连刷碗的力气也没有，只想窝在沙发上看看电视、听听音乐。殊不知，这么做的结果会使身体更加劳累，而且还会影响到身体的循环代谢。当体内堆积了过多的垃圾与废物之后，就会自动将这些"毒素"分配到身体各部位，最难减掉的手臂就是第一个"受害者"。

有什么健身运动不需要大汗淋淋，就可以"赶走"手臂上难看的赘肉呢？下面这套手臂操就是专门为不喜欢运动的你设计的，每天 10 分钟，天天坚持做，就可以让粗壮的手臂奇迹般的瘦下来！

速效纤臂操（1）：提拉

步骤一：坐在地毯上，手臂各持一个哑铃（装满水的瓶子），自然垂直于身体两侧。

步骤二：双臂肘部分别向外侧弯曲，然后将前臂提拉至胸前；两拳相对，呈一条直线，拳心向下。

步骤三：保持这个姿势3秒钟，然后将手臂慢慢平落，前臂仍然保持步骤二时的姿势。然后继续重复"抬起—落下"的步骤，共20次。

小贴士

在提拉前臂时，肘关节不宜超过肩膀，应尽量与其保持平行或者略低于肩膀。

速效纤臂操（2）：推举

步骤一：双腿站直，两脚微微张开，双臂自然垂于身体两侧，同时挺胸抬头。双臂同时向两侧抬高伸展，与肩膀保持平行；肘部弯曲，使前臂垂直于地面，并与上臂呈90度。

步骤二：将垂直的前臂慢慢向上推举，举至耳朵两侧后，手臂伸直。保持这个姿势5秒钟，再将手臂慢慢下放。重复相同动作20～25次。

速效纤臂操（3）：弯举

步骤一：双臂垂直于身体两侧，深呼一口气，将左臂高举于头顶，停留10秒钟。上臂不动，将前臂慢慢向脑后弯曲至最低点，停留10秒钟。

步骤二：深吸一口气，将前臂慢慢向上伸直，然后将左臂放低，回到最初体位。换右臂重复相同动作。两臂各进行10～15次。

速效纤臂操（4）：划船

膝盖微屈，上身前俯，下背部挺直。右手向前支撑在床沿上，左手持一个哑铃，自然垂于身体一侧。收缩背部肌肉，使左侧肩胛骨向脊背收拢，同时带动左臂向后摆，然后向上、向前伸展，最后回到起始体位。换右臂重复相同动作，两侧各交替进行15次为一组，休息后再重复3组。

四、健身操打造平坦小腹

"前突后翘"是每个时尚淑女梦寐以求的愿望,可是如果凸出的是小腹,那就让人欲哭无泪了。腰腹部是身体最容易聚集脂肪的地方,尤其对于身材矮小的MM来说,腰腹部的赘肉不仅十分凸显,还会使身材显得更加臃肿、矮小。那么,想要拥有迷人的平坦小腹,一定要坚持做小腹健身操,不仅能使小腹紧致、平坦,还能够促进肠胃畅通。

下面,就为淑女们介绍几款平坦小腹的健身操:

1. 清晨的小腹舒展操

经过一夜的睡眠,身体因缺水而变得皱巴巴的。一日之计在于晨,如果在刚起床的时候做一下舒展操,能够使血液循环更加流畅,使小腹变得更加有弹性。

步骤一:站直,双手放置于腰部,臀部保持不动,尽量将上身向后仰,深呼吸后呼气,然后再将上身挺直。

步骤二:将双手高举过头顶,然后互相握住。先将身体向右侧弯,手臂也随之向右侧延伸,此时身体腰腹部应有被拉扯感觉,深呼吸后呼气。回到起始体位,再将身体向左侧弯,深呼吸后呼气,再挺直。

步骤三:坐在椅子上,双手环抱胸前,保持这个姿势,将上身先向右侧转,深呼吸数次后,重新坐正,再将身体向左侧转。两侧各交替重复12次。

步骤四:双腿分立站好,将两腿的膝盖向外弯曲,双手分别扶住两个膝盖,上身向下压。收紧腹部肌肉,将左肩膀尽量向左上方伸展,保持这个姿势5秒钟,然后换右肩膀向右上方伸展。

2. 坐椅腹部练习

刺激消化系统,避免因胃下垂导致的小腹凸出等问题,还能让身体更加放松。

步骤一：坐在靠背椅的边缘处，双手反抱住椅背，尽量放松身体，腰部尽量贴在椅背上，感觉自己好像要从椅子上滑落下来。

步骤二：双脚做蹬踩自行车的动作。一只脚向下蹬，越低越好，但是不能碰到地面；另一只脚向上踩，越高越好。重复蹬踩20次。

步骤三：将双腿放回地面，腹部用力，双腿同时向上伸，保持5秒钟，然后同时向下伸。腹部用力的时候，应当尽量腹部与胃部收缩，然后互相接近。重复20次。

步骤四：起身，面向左坐在椅子左侧，椅子背在人体的右边。双腿平放在地面，双手各抓住椅子背的一边，然后轻柔地向椅背处转动上身，颈部也应随着身体而转动。当眼睛能看到右肩膀时，保持这个姿势30～40秒，注意调整呼吸。然后再坐到椅子的右侧，重复相同的动作。

3. 懒人沙发瘦腹操

吃完了饭，总喜欢蜷在沙发上看电视、吃零食，时间一久，小肚肚上就像套了好几个游泳圈，小美女也变成了"小腹婆"。有什么方法既能舒舒服服地赖在沙发上，又可以减掉难看的小肚腩呢？下面这套省时又省力的沙发瘦腹操，就是沙发一族的最爱啦。只要每天坚持做10分钟的时间，就能与小肚腩彻底说"拜拜"。

沙发瘦腹操（1）：

步骤一：坐在靠近沙发的边缘处，头部、肩背部、上臂紧靠在沙发的背上，小臂和手平放在身体两侧的沙发上。左腿保持伸直姿势，右腿屈膝后向胸部靠近，两只脚的脚尖应当绷紧。

步骤二：保持这个姿势5秒钟，然后交换双腿，右腿伸直、左腿屈膝，停留5秒钟。重复做5次，然后双腿交换动作逐渐连贯起来，就像是在蹬自行车，按顺时针和逆时针的方向各蹬20～30圈。

沙发瘦腹操（2）：

步骤一：趴在沙发上，双臂屈肘呈90度，上臂和手掌紧贴沙发；双腿伸直，脚趾抓住沙发，此时身体是由臂肘和脚趾支撑身体。

步骤二：身体保持水平状态，收紧小腹，臀部微微向上翘，保持这个姿势15～20秒，然后放松身体，休息片刻。如此重复数次。

沙发瘦腹操（3）：

步骤一：坐在沙发上，双腿伸直平放，双手在胸前抱一个枕头。身体向后仰至与沙发呈45度角，将双腿上抬后微屈，尽量靠近胸前。此时身体的重心应当集中在腹部。

步骤二：保持这个姿势，做腹式呼吸（吸气时腹部鼓起，呼气时腹部收紧），10～15秒后慢慢放下双腿，回到起始体位。如此重复6～8次。

小贴士

一边看电视，一边做这套瘦腹操，在休息的同时还能减肥，这真是一举两得的美事。不过做操的时候，注意力不要因为被电视节目完全吸引，而在不知不觉中停了动作。

4. 上班族的两招坐车瘦腹法

出了家门就是公车站、地铁站，出了车门就是公司、办公室，一天到晚忙忙碌碌的上班族，除了坐着还是坐着，根本没有时间正经锻炼，结果有一天，洗澡的时候站在镜子前却发现不知从何时起，肚子上竟然冒出了一圈小肚腩。发生了这样的"惨剧"，急也没有办法，没有时间不是理由，只要有决心，即使是在公共汽车、地铁上也可以将"瘦腹运动"进行到底！

坐车瘦腹操（1）：坐着也能悄悄地锻炼

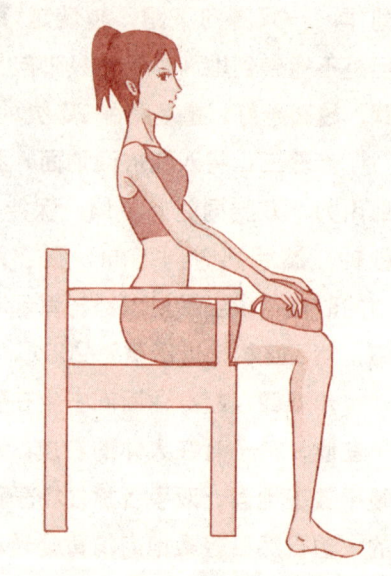

坐在椅子上，背部完全贴在椅背上，将皮包放在腿上。收紧小腹的同时，用双手紧压住皮包。保持这个姿势6秒钟，然后放开皮包同时放松小腹。这样算一组动作，反复3～5组。如果坐车的时间超过半个小时，可以增加动作的组数。

坐车瘦腹操（2）：站着也能悄悄地锻炼

在车厢内站着一只手扶着栏杆或者吊环，另一只手臂将皮包紧贴在腹前，一边用手将皮包向腹部挤压，一边向内收缩小腹，使小腹好像贴在后背上一样，然后保持这个紧绷的状态。每段持续的时间以腹部稍发酸、发麻为宜，间歇时间可由路长的远近决定。

小贴士

刚开始做的时候可能还会有些不习惯，但只要养成了习惯，一上车就会进入"瘦腹状态"，即使是腰力不强的人也能轻松进行。

5. 拯救下腹肥胖的大腰筋锻炼法

随着年纪的增大，腰部好像装了一个吸铁石一样，将全身各部位的脂肪都吸了过来，原本纤细的小蛮腰如水桶一般毫无曲线美感，更不用提一天天凸起的小腹了。其实，这一切都是大腰筋松弛在作祟。大腰筋就好像身体的紧身衣，能够使内脏、骨盆都固定在正确的位置，特别是能保证脂肪在体内的均衡分布，但是当大腰筋变得松弛后，身体就开始变形，最严重的莫过于腹部松弛、肥胖。经常锻炼锻炼大腰筋，可以保持下腹部的优美线条，让年龄不再成为身材变形的借口！

大腰筋锻炼法（1）：抬腿收紧大腰筋

步骤一：平躺在地板上，双腿微微屈膝，此时背部应挺直，大腰筋处于松弛状态。

步骤二：双腿并拢，大腿和膝盖用力，一边慢慢吐气，一边使膝盖靠近胸部。

步骤三：保持这个姿势，将双腿分开，然后向上举起双脚，使小腿与地面垂直。双脚与腿部也成垂直角度，脚趾向腹部、臀部、大腿和膝盖内侧用力，保持这个姿势5秒钟。

步骤四：双手分别握住两只脚的外缘，使膝盖尽量靠近腋窝，尾椎骨紧贴地面。保持这个姿势，然后松手，将双腿慢慢恢复到并拢屈膝姿势，最后回到起始体位。

大腰筋锻炼法（2）：活动骨盆收紧大腰筋

步骤一：双腿伸直坐在地上，双脚绷直，背部自然挺直。两只手各握紧毛巾的一端，以腰部为中心，将上身向左、下身向右方向扭动（即交错扭动），然后再将上身向右、下身向左的方向扭动。扭动的时候应当有意识地活动骨盆，想象自己正在大步向前快走。

步骤二：站起身，双手叉腰，双腿微向前屈，保持胸部和背部放松，前后摆动骨盆。摆动要以骨盆为中心，向前摆动时吸气，向后摆动时呼气。重复此动作3～5分钟。

步骤三：下蹲运动为大腰筋加重。双手交叉于脑后，上身挺直，双腿并拢。将重心放在前脚掌，慢慢下蹲，下蹲的过程中身体应当放松，头颈与上身始终保持端正。下蹲至让臀部和膝盖处于同一位置时停止，然后再慢慢拉伸双腿，回到起始体位。下蹲和起身为一次，重复30次。

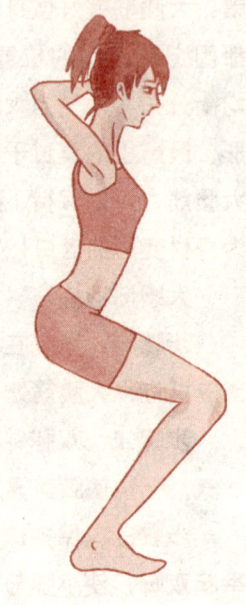

小贴士

锻炼大腰筋不是几天就能够见成效的，至少坚持做2个月以上，你才会惊喜地发现自己身体发生的变化。大腰筋的锻炼还应循序渐进，例如第一天做了10分钟，过几天就应当增加到15分钟，以后逐步增加锻炼的时间。

6. 平腹瘦腰操

步骤一：平躺在地面，将双手放在后颈两侧。双腿屈膝抬起，直到大腿与腹部之间呈60度角，然后腹部用力，将肩胛骨以上的部位抬起，然后慢慢落下。速度要缓慢，反复15～20次。

步骤二：回到起始体位，将双手平放在两侧，双腿屈膝抬起，两脚并拢。腰部用力带动骨盆向左侧转，保持5秒钟，然后回复原位；腰部再用力，带动骨盆向右侧转，保持5秒钟。

步骤三：身体回到起始体位后，双腿屈膝，脚掌着地。臀部用力，将背部、腰部、臀部向上抬起，速度要慢。抬到臀部的高度至脊椎拉成一条直线时再落下。如此反复20次以上，直到臀部感到微酸即可。

步骤四：手脚支撑地面，臀部用力，将左腿保持伸直状态向上抬，一直抬到支撑地面，与身体呈一直线，然后稍稍收敛小腹。放下左腿，然后再上抬，反复约20次。换右腿重复相同动作。

小贴士

在做这套瘦腹操的时候，最好将

双腿伸展的动作在空中停留数秒钟，使腹部肌肉能够充分拉伸，达到更好的效果。

7. 变形的仰卧起坐

变形的仰卧起坐与正规的仰卧起坐不同，主要是针对下腹部脂肪肥厚的问题进行的腹部锻炼。在做的时候，应当尽量放松背部、肩膀和手臂，主要依靠腹部用力。

步骤一：躺在床的尾端，臀部以下的身体留在床外，双臂伸直放在身体两侧，手掌向下放在臀部下方。

步骤二：双腿屈膝，使大腿悬空在腹部上方，腹部用力，心里默数10个数，同时双腿慢慢向前伸直。脚趾向上绷紧，使身体成一条直线。

步骤三：保持这个姿势，将双手相握放在脑后，尽量抬起肩膀，使腹部肌肉再次收紧，保持这个姿势5秒钟。

步骤四：心里默数5个数，同时将双腿膝盖弯曲，大腿收回到腹

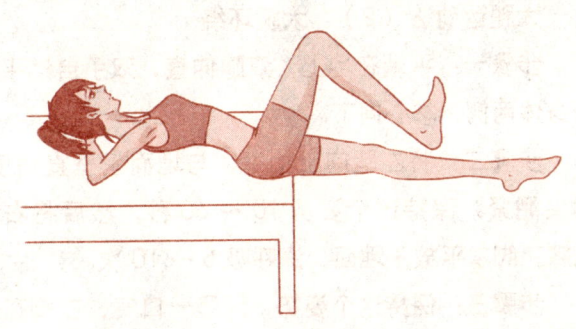

部上方，双手重新放在身体两侧。休息片刻后，重复相同动作5～10次。

8. 大腿运动的瘦腹法

两点一线的生活让很多人都无法锻炼身体，尤其女性一过30岁，凸出的小腹更随着年纪的增大而变得触目惊心。进行大腿瘦腹运动在活动大腿的同时，还能带动腹部肌肉的运动，使小腹在双腿的运动中受益匪浅，这是我们在这里向您推荐这套瘦腹法的重要原因。

大腿运动法（1）：足尖沾地

步骤一：平躺在地板上，双手自然平放在身体两侧，掌心向下，上身绷紧，后背紧贴地面。

步骤二：双腿同时抬起，然后屈膝，上身、大腿与小腿各呈垂直角度，小腿与地面平行。

步骤三：深吸一口气，将左腿分两步放低，脚趾冲地，但是脚尖不能碰到地面。

步骤四：呼气，然后将左腿再分两步还原到起始体位。换右脚做相同的动作。两条腿交替做12次。

大腿运动法（2）：大腿环绕

步骤一：平躺在地上，双腿伸直，双手自然平放于身体两侧，掌心向下。

步骤二：将左腿向上抬举，与地面呈垂直角度，脚尖绷紧。保持这个姿势10～60秒，然后将右腿屈膝，脚掌平放于地面，深呼吸5～10次。

步骤三：保持这个姿势，深吸一口气，左脚在空中画圈的同时，左腿从大腿根处开始转动，转完一圈后慢慢呼气。如此转动6圈后，反方向再转动6圈。换另一条腿重复相同动作。

小贴士

在转动腿的时候，身体应当保持紧绷不动的状态，不要随着腿的转动而左右摇晃。

大腿运动法（3）：十字交叉

步骤一：平躺在地板上，双手交叉放在脑后，肘部向外舒展。

步骤二：双腿同时抬起，然后屈膝，上身、大腿与小腿各呈垂直角度，小腿与地面平行。

步骤三：深吸一口气，左腿向上伸，与地面呈45度角。

步骤四：腹部用力，右侧肩膀保持不动，左侧肩膀向右转，与右膝盖靠拢。

步骤五：缓缓地呼气，左侧肩膀放回地面。将左腿收回的同时右腿向斜上伸，右侧肩膀向左转，与左膝盖靠拢。左右两侧各交替进行10～15次。

大腿运动法（4）：滑脚跟

步骤一：平躺在床上，双腿略微分开，双手放在腹部，掌根贴在骨盆上缘。

步骤二：收紧腹部，此时手指可以感觉到腹肌是紧张的，然后将双腿轮流伸直、屈膝，屈膝的时候大腿和小腿应当保持垂直角度。

步骤三：在双腿活动的同时，

脚跟应始终擦着床面滑动,一旦感觉到骨盆晃动,就停止曲腿,将腿伸直。将腿返回到伸直状态。等动作熟练,找到感觉后,可以将两臂高举至头后方。

小贴士

这套动作应当一气呵成,但是不要过于猛烈,肢体应当柔软、富有弹性,每个动作的衔接都非常自然,不宜过于生硬。

五、健身操打造美丽翘臀

"翘臀"是完美身材不可缺少的重要部分,臀部垮塌不仅不能为身材起到"锦上添花"的作用,反而会严重破坏整体的形态美。所以,翘臀练习是爱美的淑女们不能回避的话题。也许MM们没有足够的时间单独进行翘臀训练,这没关系,在日常的生活细节中,只要能够多伸伸腿,有意识地向后抬高、转动,常绷紧臀部,就可以达到很好的减肥提臀的效果。而且这些动作非常方便易行,只要抓住零碎的时间做做小运动,日积月累,同样能够修炼出美妙的身材。在路上、车上、家里、办公室都可以做,比如边看电视,边练习,可以锻炼、娱乐两不误。

1. 瘦臀操

对于现代女性来说,一坐进办公室就几个小时不起身,活动量低,如果饮食又不均衡,很容易下半身肥胖。多余的脂肪通常堆积在臀部和大腿,加上血液、水分循环不良，不但有碍外观，也影响姿势和健康。以下美臀运动可以去除臀部的肥肉，让松垮肥臀变紧实翘臀。

瘦臀操（1）：仰卧举臀

步骤一：仰卧，双腿弯曲，双手放于身体两侧，两脚平放。

步骤二：脚跟用力，慢慢抬起臀部，再缓慢降低至起始状态。

步骤二：慢慢抬起右臂和左腿到最高点，微微抬头，再缓慢降低至起始姿势。

步骤三：然后交换到左臂和右腿做一次。

①全部动作可多次重复做20～30次。②抬起高度可以逐渐增加。③如需加大难度，可以单脚着地练习。

瘦臀操（2）：俯卧抬肩

步骤一：俯卧，双臂向前伸直。

步骤二：慢慢抬起上身到最高点，微微抬头，再缓慢降低至起始姿态。

①全部动作可多次重复做20～30次。②抬起高度可以逐渐增加，向上时呼气。

瘦臀操（4）：屈膝抬腿

步骤一：跪在垫子上，双手撑地。

步骤二：慢慢抬起和伸直右臂和左腿到最高点，再缓慢降低至起始姿态。

步骤三：然后交换到左臂和右腿。

①全部动作可多次重复做20～30次。②保持腹部及以下紧贴于垫上，不要猛然用力。

瘦臀操（3）：臂、腿高抬

步骤一：俯卧在垫子上，双腿伸直，双臂伸直。

①全部动作可多次重复做20～30

次。②操作时要保持头部与脊柱的自然状态。③抬起高度可以逐渐增加，向上时呼气，向下时吸气。

2. 办公室美臀操

一种站立就可进行，非常适合办公室女性们在工作间隙练习的美臀操，通过不同角度的变化，使你的臀部得到较全面的锻炼。

美臀操（1）：扶椅双腿屈膝下蹲

步骤一：站在椅子左侧，左手叉腰，右手扶椅背。

步骤二：两脚前后分开，后脚跟抬起，上身保持正直。

步骤三：双腿屈膝缓慢下蹲，弯曲至大、小腿与地面呈90度。

步骤四：稍停，再缓慢伸直。

步骤五：可重复做10~20次。

美臀操（2）：扶椅单腿屈膝下蹲

步骤一：右手叉腰，左手扶椅背。

步骤二：右脚站直，左脚自然抬起。

步骤三：左脚保持前伸，右腿屈膝下蹲。

步骤四：保持10秒钟，然后缓慢站起。

步骤五：换一个方向，左脚屈膝下蹲做10次。

小贴士

所有动作均要用力收紧臀部，根据自己的体力，每组动作重复10～20次。

美臀操（3）：无扶手单腿下蹲

步骤一：双腿分立，与肩同宽，重心落在右腿上，左腿慢慢抬起，将腿盘在右腿的膝盖外侧，身体略微下蹲。

步骤二：右手向上拉伸，左手带动身体向右转，并置于胸前。

步骤三：保持30秒，然后换腿重做一次。

步骤四：此动作5次为一组，完成2～3组即可。

小贴士

这个动作有一定的难度，主要锻炼大腿根部和臀部之间的线条。在整个过程中，身体一定要保持挺直，右手尽量向上伸，并且用力夹紧臀部。

美臀操（4）：扶栏踢腿

步骤一：左侧靠近栏杆站立，左手抓住栏杆。

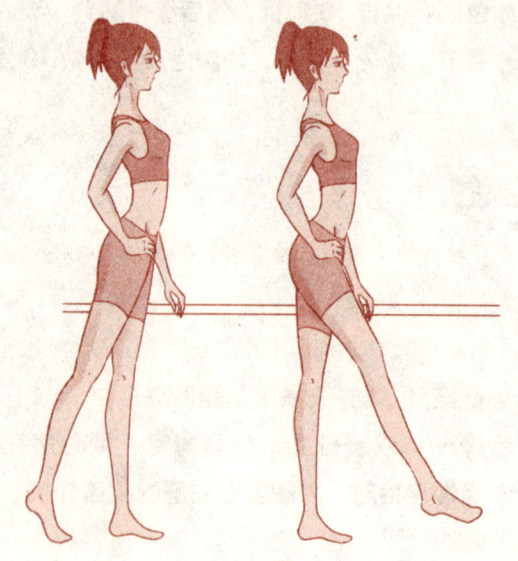

持10秒。

步骤三：再将重心移至左腿上，手掌移至左侧，坚持10秒。左右各10次为一组，完成2～3组。

 小 贴 士

胯骨一定要尽量打开，并且用力将臀部上提。

美臀操（6）：单腿曲伸

步骤一：背对凳子，右脚直立，左脚后屈，放在凳子上。

步骤二：双手放于腰际，在上身挺直的情况下，进行腿部的曲伸运动。

步骤三：此动作可重复做10~20次，然后换另一只脚，重做10~20次。

步骤二：右腿用力向前、向后、向右各摆10次。

步骤三：换一个方向，挥动左腿踢10次。

 小 贴 士

呼吸要均匀，活动量尽量大，使臀部肌肉承担足够的负荷，挥腿范围尽量大一些。

美臀操（5）：提臀开胯

步骤一：双腿分立与肩同宽，重心落在右腿上，左腿自然弯曲，脚尖轻轻踮起，胯骨送到右腿边上提。

步骤二：双手手掌合十，手掌靠近身体右侧，坚

小 贴 士

①确定跨在凳子上的脚的位置，站立的位置要让身体和弯曲的小腿成直角。如果过度靠近或远离凳子，腿部弯曲的角度过大或过小，会达不到

瘦臀效果，甚至伤害腿部肌肉。②弯曲时，中心必须放在前脚掌，别忘了保持直角。

美臀操（7）：后抬腿

步骤一：将腰骨贴伏在椅子背上，形成伏卧状，上半身可以放松点。如果感到不舒服，可以改作在下方放入垫子的方法。

步骤二：一脚在伸直的情况下，慢慢向上抬举10次。

步骤三：换另一只脚同样向上抬举10次。

注意动作徐徐进行，身体不要弹跳并提高腰骨。

3. 性感翘臀操

以下这些动作，能够锻炼臀肌，增强身体柔韧性，收紧臀部两侧的肌肉，消除侧臀脂肪，勾勒臀部线条，修整臀形，提升臀线，挺翘臀部。

翘臀操（1）：俯卧抬腿

步骤一：俯卧，两手叠放在下巴下，两腿分开和腰部同宽，两膝弯曲呈90度角。

步骤二：一条腿以弯曲呈90度角的姿势向上抬高，然后再换另一条腿。

步骤三：左右交换慢慢做30次。

翘臀操（2）：俯卧提脚

步骤一：俯卧，右脚伸直，左脚弯曲呈90度角。

步骤二：拉紧臀部，将弯曲的左脚提升至膝盖，离地约6寸。

步骤三：维持5秒后放松，让左脚回到原来位置。

步骤四：重复以上动作约10次，然后到右脚，同样重复以上动作约10次。

翘臀操（3）：跪地摆腿

步骤一：屈膝跪下，两手按地，将右腿抬至臀部高度。

步骤二：然后先向左边摆动，再向右边摆动，左右摆动各为1次，共做10次。

步骤三：换左腿时，先向右摆动，再向左摆动，其余动作相同。

翘臀操（4）：跪地抬腿

步骤一：屈膝跪下，两手按地，眼向前看。

步骤二：将右腿提高，右脚上抬至臀部，脚尖向后。

步骤三：停留片刻，再放下，共进行 10 次。

步骤四：换左腿重复做 10 次。

翘臀操（5）：跪地伸腿

步骤一：单膝跪地，一条腿伸开。

步骤二：脚离开地面的时候尽可能让臀部用力，使腿和地面平行，坚持 1 秒。

步骤三：两条腿交换做 20 次。

翘臀操（6）：俯卧收腹提臀

步骤一：俯卧，脚尖着地，先将两腿分开，并抬高骨盆。

步骤二：再慢慢将两腿合拢，同时收紧臀部及腹部的肌肉，继而放松。

步骤三：如此反复做 10 次。

翘臀操（7）：仰卧抬腰

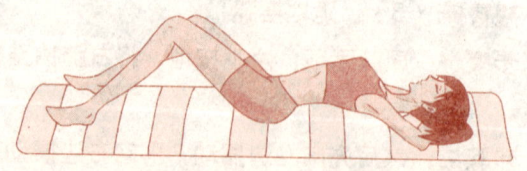

步骤一：仰卧，两腿分开与腰部同宽，两手放在头下，吸气、吐气的同时臀部用力，尽可能抬高腰部。

步骤二：同时收下巴，能看到腹部最好，慢慢做 30 次。

翘臀操（8）：仰卧伸腿

步骤一：仰卧，屈膝，脚尖着地，两臂贴近身体平放地上。

步骤二：先将右侧小腿抬高向前平伸，脚尖向前，然后向上尽量伸直右腿。

步骤三：稍停片刻，再返回小腿平伸状态，最后还原，如此反复 10 次。

步骤四：右腿做完后换左腿，按同样方法也做 10 次。

翘臀操（9）：仰卧抬双腿

步骤一：仰卧，手脚伸直。

步骤二：两脚并拢慢慢抬起，抬至与地面呈直角时慢慢放下。

步骤三：在离地面 30 公分处停下来，保持 1 分钟。

小贴士

背部不可离开地面，膝盖不可弯曲，肩膀和手臂不要用力。

翘臀操（10）：仰卧提臀

步骤一：仰躺着，双脚呈大字形张开。双脚尽量张开。

步骤二：向上屈膝，脚踝尽量向臀部靠近。

步骤三：臀部尽量往上抬高，加上双手的支撑力，使劲向上托，保持10秒再恢复至大字形姿势，但臀部不可以先着地。

步骤四：此动作重复做10次。

翘臀操（11）：屈膝后撑

步骤一：坐下，双脚张开为腰的两倍宽，膝盖曲起。

步骤二：两手与肩同宽打开，撑在地板上，保持10秒钟再坐下。

步骤三：动作重复做10次。

翘臀操（12）：双脚交叉

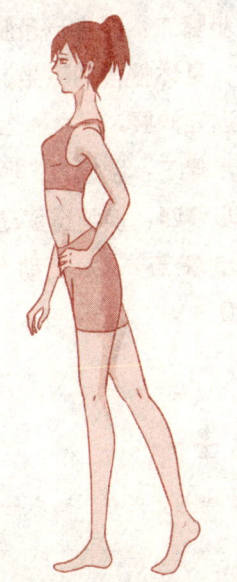

步骤一：两脚交叉站立，用力紧绷臀部肌肉。

步骤二：将臀部向前推，可双手帮忙推。

步骤三：两脚交叉互换，同样的步骤各做10次。

翘臀操（13）：俯卧挺身

步骤一：身体俯卧，两手臂顺着身体伸直。

步骤二：双手手指张开像枫叶一样，上半身撑起，肩膀到指尖尽量伸直。

步骤三：阿基里腱伸展，臀部紧绷，大腿、膝盖、小腿同时用力撑起。

翘臀操（14）：双腿后踢

步骤一：手扶栏杆（窗台、椅背也可）站立。

步骤二：将右腿最大限度后踢。

步骤三：换左腿，同样，以最大限度后踢。

步骤四：重复10次。

翘臀操（15）：原地下蹲

步骤一：双脚并拢，原地站立。

步骤二：膝盖弯曲，下蹲，同时抬起双臂以保持身体平衡。

步骤三：保持姿势10秒钟后还原。

步骤四：重复动作10次。

翘臀操（16）：侧踢训练

步骤一：双脚并拢，原地站立。

步骤二：抬起左腿，向左侧踢。上身保持不动。

步骤三：换腿，右腿向右侧踢。

步骤四：重复10次。

翘臀操（17）：单腿搭桥

步骤一：仰面躺下，双臂放松置于身体两侧。
步骤二：屈膝，双脚平放于地面。
步骤三：把右侧脚踝放在左侧大腿上。
步骤四：向外抻拉右膝，使两侧大腿尽量平行。这时，臀部仍平放在地面上。
步骤五：抬起臀部，同时把右腿伸直并尽力向前够。
步骤六：停顿一会，再把右侧脚踝放在左侧大腿上，同时臀部放在地面上。
步骤七：如此重复10次，换另一侧动作再做10次。

后伸，脚尖点地。
步骤二：通过收紧臀部肌肉，牵引腿部上抬，到最高处静止5秒。
步骤三：重复10次，换腿做10~20次。

小 贴 士

记住钩脚尖，保持上身挺直。

翘臀操（19）：豹步向前

步骤一：弓步收臀，两腿平行站立与髋同宽。
步骤二：任意一条腿向前迈一大步，身体慢慢向下坐，后腿尽力向最远处伸展。
步骤三：腰挺直，收腹。
步骤四：换腿重复动作。
步骤五：以上动作重复做10~20次。

小 贴 士

需要注意的是，当把一条腿伸直的时候，臀部不能下落，且负责支撑的另一条腿的膝关节不能扭转。支撑腿必须使身体保持在最高的位置。

小 贴 士

保持上身正直，切忌上身前倾。

翘臀操（18）：金鸡独立

步骤一：站立钩脚，挺胸收腹，一腿支撑，一腿

翘臀操（20）：懒猫伸展

步骤一：跪撑钩脚，目视前方。

步骤二：以双手和膝盖支撑身体，提起一边的膝盖，直膝钩脚，尽力向上抬腿。

步骤三：上下交替做10次，然后换腿。

身体始终与地面保持水平（可在身下放置支撑物以防塌腰），切忌做动作时扭转身体。

翘臀操（21）：鲤鱼打挺

步骤一：仰面躺下，双臂平放在身体两侧，一腿屈膝支撑，一腿直膝，带动骨盆慢慢上抬。

步骤二：保持臀部与大腿的紧绷状态，放低，再做一遍，然后换腿。

这个动作适合膝关节不适者，能减少身体重力对膝关节的压力。

翘臀操（22）：小燕展翅

步骤一：收紧背部、腰部、臀部和大腿肌肉。

步骤二：腹部贴地，最大幅度抬头起身，同时抬双脚向上。

翘臀操（23）：美女蛇出动

步骤一：俯卧，双臂交叠前伸，将尾椎骨尽力向上顶。

步骤二：小腿向上弯举，钩脚、脚踝交叉，两脚跟同时向臀部靠近，同时保持双肩、胸部和膝盖贴于地面。

4. 臀部健美操

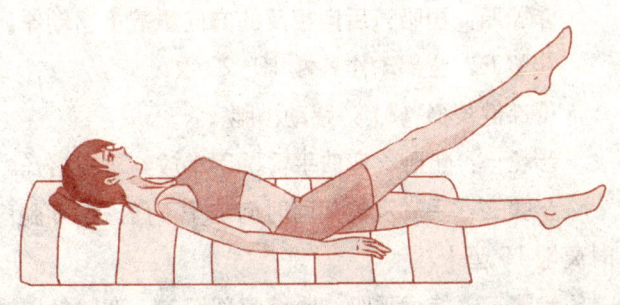

这些动作可以锻炼臀部肌肉，将赘肉收紧，并且上提，及时挽救有下垂趋势的臀部。

臀部健美操（1）：俯卧向后举腿

步骤一：俯卧，双手平放身旁，手掌向下。

步骤二：吸气，收缩臀部肌肉，足趾前伸，抬起右腿至离地约15厘米。

步骤三：保持姿势不变5秒，然后放下右腿。

步骤四：换左腿抬起再做一次。

小贴士

做时臀部必须一直靠着垫子，左、右腿可各做10次，并逐渐增加。也可以双腿一起向后抬起做20次。

臀部健美操（2）：滚动臀部

步骤一：平身仰卧，屈双膝至胸前。

步骤二：两手平伸与肩紧贴地面，臀部慢慢翻向右边，尽量使双膝接近地面。

步骤三：呼气，回到原来的姿势。

步骤四：再吸气后向相反的方向重复上述动作。

步骤五：全部动作各做10~20次。

臀部健美操（3）：踢动小腿

步骤一：俯卧，弯曲手臂，手掌放到与肩相齐。

步骤二：手掌及臀部同时向垫子下压，使双腿同时离地15厘米。

步骤三：持续呼吸，收缩臀部肌肉，双腿像游泳一样踢动。

步骤四：左右腿各50次，逐渐增加至100次。

臀部健美操（4）：跪下踢腿

步骤一：跪下，两手距离与肩部相等，双膝相距20~30厘米。

步骤二：右脚伸直，抬起至离地30厘米。

步骤三：持续呼吸，将右脚抬起25次。

步骤四：左脚重复同一动作25次。

臀部健美操（5）：弯腰跪腿

步骤一：跪下、吸气、弯腰，使前额朝向膝盖，将右膝移近前额。

步骤二：呼气，收缩臀部肌肉，拱起身体，尽量抬起头来，右腿伸直朝向天花板（膝微屈，以避免肌肉紧张）。

步骤三：吸气，将右膝和前额缩回原来的位置。

步骤四：重复同一动作 10 次。

步骤五：换左腿重复做 10 次。

小贴士

动作要一下接一下迅速做，不要断断续续，拱起身时要收缩臀部肌肉。

臀部健美操（6）：压缩臀部

步骤一：跪下，两手下垂，手掌轻抚大腿。

步骤二：吸气，保持身躯和大腿成直线，用力用手掌压缩臀部肌肉，身体向后弯，保持姿势 5 秒。

步骤三：呼气，恢复原来姿势。

步骤四：重复做 10 次，逐渐增加至 25 次。

臀部健美操（7）：单腿平衡

步骤一：重心落在右腿上，左腿夹紧从身体后方向上抬起，左手伸直抓住左腿脚踝，向上拉。

步骤二：身体保持前后平衡，而右手前伸，保持与肩膀、左手同一水平，坚持 1 分钟。

步骤三：放下归位，换腿换方向，5 次为一组，完成 2～3 组。

小贴士

向身体后方向上拉腿的过程中，不必一味求高，在整个过程中，要注意臀部夹紧，动作缓慢，身体挺直，不要倾斜，保持平衡，坚持最重要！

臀部健美操（8）：面壁抬腿

步骤一：手扶墙壁、身体离墙 30 公分站立做准备。手肘约在腰的位置，背部伸直。

步骤二：脸朝向左边，双脚正面向着墙壁站立。

上半身不要往前倾，臀部肌肉紧绷。

步骤三：右脚先向右斜前方踏出，再尽力向左后方抬。

步骤四：左右各10次。

臀部健美操（9）：模仿滑水练习

步骤一：采取伏爬的姿势，然后在腹部放入一个垫子，双脚交叉互扣。

步骤二：臀部用力，让双腿上下交互往返。

步骤三：重复动作10~20次。

步骤四：交替双脚重做10~20次。

臀部健美操（10）：下蹲跳起

步骤一：双脚站距同肩宽，两臂抱于胸前。

步骤二：下蹲至膝关节呈90度，垂直向上蹬起。

步骤三：每组10次左右，做3组。

小贴士

注重大腿用力，臀部收紧。由于这个练习跳起落地时与地面有冲击力，最好在胶垫、木地板或草地上做，并注意保持身体平衡。

臀部健美操（11）：芭蕾舞步

步骤一：两脚分开站立，比肩稍宽，脚尖朝外，尾骨处下沉，臀部收紧。

步骤二：双臂抬起，向前伸展开。

步骤三：往下蹲，成马步，并保持双臂与肩同

高。在保持身体舒适的情况下，尽量放低身体，但不要使膝盖弯曲超过脚尖。

步骤四：保持这个姿势5秒钟，然后恢复到预备动作。

步骤五：重复这个动作10次。

步骤六：第11次蹲下时，坚持20秒。

臀部健美操（12）：向侧滑步

步骤一：两脚并拢站立，双臂置于身体两侧，将身体重心移至右腿。

步骤二：稍稍弯曲膝盖，将左脚置于一块毛巾上，脚尖朝下。

步骤三：双臂抬起向前伸直，用毛巾帮助左腿慢慢向外侧滑动，心里默数 5 秒。

步骤四：将腿滑动至不会感觉不适的最远距离，再将腿抽回，移至初始位置，默数 5 秒。

步骤五：重复这个动作 10 次，换右腿再做 10 次。

臀部健美操（13）：伸腿提臀

步骤一：两脚分开站立，与肩同宽，脚尖向前。

步骤二：将左脚置于右膝内侧，双臂于身前自然下垂。

步骤三：左腿向后伸展，双臂分别向两侧伸开，脚离地不应超过 10 英寸高度，以保持身体平衡。

步骤四：恢复预备动作，并如此重复做 10 次。

步骤五：换腿再做 10 次。

臀部健美操（14）：剪刀跳

步骤一：右腿屈膝向前迈出，使膝盖与脚踝成直角。

步骤二：左膝向下，至膝盖轻轻着地。

步骤三：两脚蹬地，向上跳起。

步骤四：在空中换腿，落地时呈左腿向前迈出姿势。

步骤五：此动作重复 10 次。

臀部健美操（15）：螺旋蹬腿

步骤一：面向左侧躺倒，将头部靠在伸直的左臂上。

步骤二：右掌于胸前着地，作为支撑。

步骤三：右膝盖向胸部移动，臀部轻轻转动，使膝盖朝向地板。

步骤四：调整足部动作，使脚后跟指向天花板。

步骤五：用大幅度动作抬起和放下左腿。

步骤六：坚持做 20 次，再换另一侧同样做 20 次。

臀部健美操（16）：旋转胯部

步骤一：两腿分开站立，比肩稍宽。

步骤二：将双手置于臀部，向前、向后、向左、向右，大幅度旋转胯部。

步骤三：再上下摆动，直至感觉肌肉全部放松。

臀部健美操（17）：侧跨腿

步骤一：右侧卧，右臂屈肘呈直角，手心向下。

步骤二：左手掌在齐腰处扶地，支撑大腿用力使身体离开地，上体和腿在一条直线上。

步骤三：放下大腿，并右侧躺下。

步骤四：重复10次。

步骤五：左侧卧，在另一侧做同样动作10次。

臀部健美操（18）：用臀部"行走"

步骤一：坐在地毯上，膝盖伸直，手向前伸展。

步骤二：抬头，伸右手，并以臀部移动带动右腿，向前移动。

步骤三：用左手和左腿做同样的动作，这样向前移动两三次逐渐加大距离。

臀部健美操（19）：俯卧侧转身

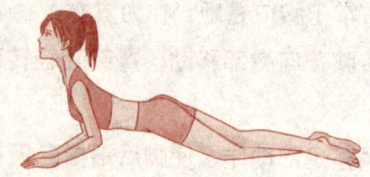

步骤一：趴在地上，双腿靠拢。

步骤二：抬头，挺背，稍屈双肘，撑地，快速向左转不能再转为止。

步骤三：同时使腿做"立剪刀"动作。

步骤四：用手掌撑地恢复原位，并使双腿靠拢。

步骤五：向左做同样动作。

步骤六：在每边重复10~20次。

要做得慢些，以便全身参加活动。做时不要屏住呼吸。

臀部健美操（20）：徒手挺髋蹲

步骤一：一只手抓立柱或固定物，另一手叉腰。

步骤二：两脚平行站立与髋同宽，缓慢屈膝挺髋下蹲，踮起脚跟。

步骤三：伸腿起立，还原成直立姿势。

动作过程要掌握好身体重心、始终保持身体平稳和挺髋。下蹲前先做深呼气，然后吸气下蹲至极限，屏住呼吸。以大腿肌肉的力量缓缓起立，呼气。也可在还原直立后呼气，这样做能稳固脊柱。

臀部健美操（21）：斜蹲器挺髋蹲

步骤一：两脚站立与肩同宽，肩顶肩托，手握把端。

步骤二：缓慢屈膝挺髋下蹲，跃起脚跟，髋和膝前呈身体倾斜状。

步骤三：上体尽量下降至臀部触及脚后跟，大腿肌肉充分伸展，然后伸腿起立还原。

小贴士

动作过程中臀部离开斜蹲器的支撑垫、使臀肌始终保持紧张状态，蹲得越低（深），对臀大肌的刺激越强烈，效果越好。呼吸方式与徒手挺髋蹲呼吸方式相同。

臀部健美操（22）：提臀抱踝

步骤一：仰卧，双臂置于体侧，调整呼吸。

步骤二：吸气，屈双膝，脚跟尽量接近臀部。

步骤三：呼气，双手抱脚踝，缓缓地把身体抬离地面，收紧臀部肌肉，保持30秒，自然地呼吸。

步骤四：慢慢呼气，身体落下还原到仰卧姿势，再重复做一遍。

小贴士

如果手够不到脚踝，可以让双手平放在地上。

臀部健美操（23）：侧卧拉伸

步骤一：侧卧、右侧大臂着地，右手托脸侧面，调整呼吸。

步骤二：吸气，曲起左腿，左手抓住左脚。

步骤三：呼气，左手向上拉起左腿，左膝绷直，保持数秒，自然地呼吸。

步骤四：还原落下，重复3次后，换另一侧再做。

臀部健美操（24）：俯卧后抬腿

步骤一：俯卧、下巴着地，双手握拳置于体侧。

步骤二：将掌心朝上，放于大腿根处。

步骤三：吸气，收紧臀肌，用力向上抬高双腿，脑门贴地，双臂用力压地。保持10~20秒，自然地呼吸。

步骤四：呼气，腿落下还原，下巴着地，深呼吸一次。

步骤五：反复做以上动作10~20次。

臀部健美操（25）：站立高抬腿

步骤一：站正，调整呼吸。

步骤二：吸气，曲左腿向后抬，左手抓住左脚，右臂向上伸直。

步骤三：呼气，左手拉起左腿向上伸展，右臂前伸维持平衡。保持20秒钟，自然地呼吸。

步骤四：呼气，还原到站姿，换腿再做。

步骤五：左，右各做10~20次。

六、健身操打造纤纤细腿

如果没有一双纤细、修长的美腿，尽管其他身体部位比较匀称，也不会拥有理想的完美曲线。瘦腿健身操适用于大多数腿部肥胖、曲线不美的淑女。这些动作简单易行，容易操作。能够让你在健康运动中拥有修长、笔直的双腿，让你的身材更加匀称窈窕。

1. 双脚垫脚操

具有紧缩小腿肚的效果。重点在于手臂不可弯曲，利用饮水瓶的重量保持平衡，一边抬起双脚的脚后跟。

步骤一：双手各拿一个饮水瓶，两手臂自然下垂于身体两侧。双脚稍微张开，伸直背脊站立。

步骤二：一面吐气，一面慢慢抬起双脚脚后跟；当脚跟抬高后，再一面吸气，慢慢放下脚跟。重复10次。

柔软结实的肌肉，是塑造美腿的前提，每天持之以恒练习，不仅能改善原本不完美的腿形，还可让它更漂亮、更修长。

2. 单脚垫脚操

这种体操比双脚垫脚操稍困难些，不过对紧缩小腿肚有非常好的效果。

步骤一：将椅子摆放在身体前面，左手自然下垂，伸直背脊站立着。右手抓住椅背，作为支撑，将右脚抬起，只用左脚单脚站立。

步骤二：一面吐气，一面慢慢抬起右脚脚跟，等抬高脚跟后，再一面吸气、一面慢慢放下脚跟。边换气边做相同动作。重复10次。

3. 空中蹬自行车

让腿部在活动的同时，使肌肉更加紧实，腿部的线条也更加优美。

步骤一：每天睡前蹬100下，有固定的节奏，不要一下快一下慢，速度适中就可以了，专心蹬，不想别的就不会觉得累了。

步骤二：蹬完后不要马上放下，保持预备姿势，把两腿并拢，向上直直地伸向空中，膝盖不要弯曲，脚尖绷直。坚持3分钟，然后慢慢放下。

步骤三：做完以上动作，整条腿都会有些酸麻，这时记得一定要好好按摩一下腿部！

这个动作可能会比较辛苦，若不适应，可以每次先做50下。

4. 弯背摆臂

步骤一：站立，两脚大约与肩同宽，腿稍微弯膝。吸气，两臂向前伸。

步骤二：两臂伸到高点后，自然向后甩，两手轻握拳头。注意不要弯双臂。

步骤三：呼气，以髋部作支点，背部弯下，两臂摆在头的两侧，脸朝下，注意背部和颈部应该保持平直。做腹部呼吸，就是在吸气时腹部用力鼓胀，在呼气时腹部用力内缩。整个骨盆应该积极地向后伸展，以延长腰背。

步骤四：维持这个动作半分钟，保持均匀缓和的呼吸。最后彻底地呼气，然后吸气，慢慢地起来，呼气，两臂放回体侧，闭眼休息。放松髋关节和大腿，同时放松背部和肩膀。

完成这个动作后就应该觉得大腿有伸拉和酸痛的感觉，腹部感觉微热，这说明双腿得到了良好的锻炼，正在发生神奇的改变。

小贴士

如果你做这个动作觉得非常轻松,那么很有可能是你的姿势不正确。这个动作的关键在第三个步骤,就是双臂一定要尽力向前伸,同时骨盆尽力向后伸展,这样就把身体拉长了,而此时双腿弯的程度越深,这个动作的强度就越大,如果你可以坐成马步那样的话,对于瘦大腿是最有效的。

5. 瘦掉大象腿操

通过正确的坐姿,改变大象腿。

步骤一:坐在椅子上,双腿伸直,和地面保持平行。

步骤二:将脚掌下压,不要贴到地面,保持10秒钟左右。

步骤三:勾脚尖,向内、外侧绕环,做10次。

步骤四:双腿上下交叉10下。

小贴士

注意不要让脚尖触到地面。

6. 四个瘦腿操

此项运动的训练目标是腿窝、大腿外侧和小腿。

瘦腿操(1):门把手蹲坐练习

站立面对敞开门的狭窄边缘,两腿分开同肩宽,背后放一凳。伸直双手,每只手抓紧一个把手。当你慢慢数到10的过程中,降低你的身体直至碰到凳子,但不要坐下!停顿一下,起身站立再数到10。定时100秒。重复以上动作直到时间到达。

此项运动的训练目标是腿窝。

瘦腿操(2):侧躺提腿

侧躺在地上,右手前伸撑地起支持作用。慢慢数到10的过程中,向上举起左手并提起左腿和地面呈80度角,再恢复。做另一组前先按摩臀部和大腿肌肉。定时100秒。重复做,直到时间结束。

此项运动的训练目标是大腿外侧。

瘦腿操(3):单腿弯曲

在你脚踝上固定一个约1斤的重物,双脚并拢站起身。双手伸直向前倾斜,把两手放在身前一臂距离的凳子靠背上。慢慢数到10的过程中，弯曲绑上重物的腿，抬高脚踝至腿与身体垂直，暂停，按摩腿窝并放下腿。定时100秒。换一个脚继续，重复直至时间到为止。

此项运动的训练目标是腿窝和小腿。

瘦腿操（4）：提脚后跟

定时100秒。面对墙站立，双脚平行同肩宽。脚下放一块毛巾，然后固定你的手臂双掌靠在墙上以获支撑。慢慢数到10的过程中，抬起脚后跟离地，即踩在毛巾上踮起脚尖。站立10秒并按摩小腿肌肉，放下脚跟再做一组10秒。重复直至时间到。

此项运动的训练目标是小腿。

小贴士

注意每天坚持练习，一周后会有令你惊喜的效果。

7. 矫正O形腿、X形腿操

通过简单的运动，让你的双腿变得修长、笔直，彻底远离O形

腿、X形腿的困扰！

矫正腿形操（1）：紧实大腿运动

步骤一：坐在椅子1/3处，腰杆挺直身体向上伸展。

步骤二：双手置于坐椅两旁，左脚抬起向前，脚尖朝上。

步骤三：还原换边重复8~12下，共3次。

矫正腿形操（2）：腿内侧运动

步骤一：坐在椅子1/3处，双手手肘置于大腿内侧。

步骤二：双手手肘用力往外撑，大腿用力向内收。

步骤三：形成抗力停留5～10秒。

步骤四：重复2～8下，共3次。

小贴士

一个关键的地方是腹部呼吸，就是在维持上面这个动作的时候，腹部一定要配合呼吸用力鼓胀和收缩。所以说这个动作看起来很简单，但是细节的要求是比较高的，刚开始想要做得标准会有一点难度，多练习几次就好了。

8. 扭脊梁功

这套动作对于瘦大腿有很好的效果，同时也能瘦手臂。

步骤一：选择一块宽敞坚实的场地坐下，两腿伸直并拢，呼吸均匀，腰部保持平直。

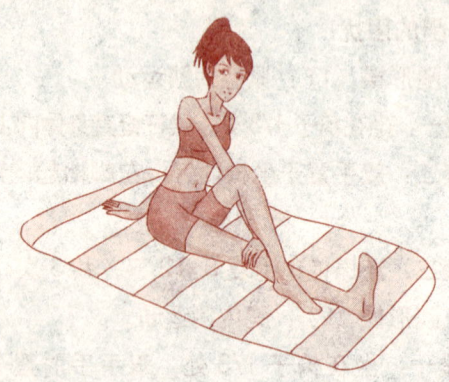

肌和肋间肌，调整一下呼吸就可以了。

小贴士

这套功法起初并不容易做到位，如果你筋比较硬或者有一段时间没有运动了，那么你最好量力而行，例如在一腿跨过另一腿时不用贴得太紧，或者不一定非要拿住膝盖，尽力拿你可以够到的地方，但是注意扭转的动作不能缩水，一定要借助腰腹部的力量。如果你尽力而为了，那么在做完一整套动作以后，应该感到腰腹部略微酸痛，大腿和手臂也应该有拉伸感。

9. 日常美腿操

如果你无法抵抗美食的诱惑，这种情况下想保持身材的匀称，就得勤奋锻炼。利用看电视的广告时间、上班午休、乘车等琐碎时间做瘦腿运动吧。

美腿操（1）：消除膝关节脂肪，重塑纤小膝盖

临睡前或晨起3分钟，平躺在地面上，双手置于身侧，上半身尽

步骤二：左脚跨右腿，脚底贴地，紧贴右小腿外侧。

步骤三：右肘或者右上臂的外侧抵住左膝的外侧，前臂往下伸直，拿住右膝。吸气，左臂伸直往身后转动，这时手臂应该尽量往后延伸，手掌放在臀后，手指朝后。

步骤四：慢慢地呼气，同时向左侧扭躯干。扭动到极点后，保持姿势，轻柔地呼吸，在每次呼气的时候，可以稍增加扭转的幅度。注意扭转的动作是由腹、腰和髋部带领的。脖子和躯干的其他部分仅仅随着同一方向扭转，不应过度用力。左臂用力地压撑膝盖会有助于进一步地扭转。

步骤五：躯干慢慢地回正中，然后交换左右边的体位，同样按照上面的方法做。这样的动作每边尽量坚持1分钟左右，如果觉得勉强，可以按照自己的极限来坚持。

步骤六：躯干慢慢回正中，松开腿和臂，闭眼休息。依次放松大腿和髋关节，放松背部，放松腹

量放松。双腿弯曲抬起,做蹬自行车的动作。前进式45次,再做后退式45次。

美腿操(2):紧实大腿内侧及小腿外侧肌肉

在家看电视时5分钟,双手交叉自然放于身前,注意在动作的过程中保持双臂双手不用力。双腿分开稍比肩宽,深吸气,踮起脚尖;然后呼气同时尽量下蹲,两腿向外分开。伴随深呼吸重复动作20次。

美腿操(3):雕塑精巧的脚踝

任何站立条件下2分钟,双手叉腰,双腿分开与肩同宽。吸气同时踮起脚尖,保持姿势约15秒钟,伴以轻柔匀速的呼吸;然后放下脚后跟。重复5次。

美腿操(4):细脚踝踮脚尖、

等车的时候(踮起脚尖做翘首状),工间的时候(站起来,手扶办公桌,收腹,尽力提高脚跟再放低,但不要着地。做3分钟),上楼梯的时候(以前脚掌踩楼梯,后脚跟悬空)。

美腿操(5):拉长腿部肌肉

午休时间5分钟,双手叉腰,右腿向前跨一大步,左腿伸直,脚跟尽量着地,保持15秒钟。然后回复站立姿势,换腿做。重复10次。

美腿操(6):让腿部肌肉线条更优美

在清晨的阳光下自然站立5分钟,右脚顶住左腿的大腿内侧,站稳后,双手合十,向上伸直,身体尽可能地向上延伸。

小贴士

保持姿势15秒钟以后放下双手和右脚。换另一条腿做同样姿势。重复3次。

10. 消脂操

该操可消除腹部、大腿多余的赘肉,调整自律神经,增强腿部力量。

步骤一:准备动作,仰卧,手肘把身体撑起来。

步骤二:左手攀着右脚尖(膝盖要伸直),身体抬起,右手放在地下。

步骤三:左腿慢慢抬起来,慢慢还原之后再做相反动作。

小贴士

适应几个星期后,这些动作再多做一遍,也就是说一遍做完后,休息60～90秒,再做一遍。

11. 美腿功

通过伸展,使腿部得到充分锻炼,变得纤细。

步骤一:双脚一前一后站立,后脚跟抬起。然后在上身和脚后跟保持垂直的状态下弯曲双腿。

步骤二:双脚分开站立,背部必须一直保持挺直,然后弯曲膝盖,臀部翘起。

步骤三:双掌贴墙,站立,双脚并拢。其中一腿往后抬高,设法让脚后跟触碰到臀部。

步骤四:两臂下垂,一腿屈膝下蹲,背部保持挺直;另一腿向后伸,直至与地面平行。

步骤五:"跨步走"。向前大跨一步,直至后膝离地面15厘米左右,然后再向前迈另一腿。

小贴士

每个动作各做20～25下,隔一天至少做一次。

Part 5

另类瘦身：塑造苗条好身姿

　　如今,"减肥"这个词,被很多爱美的淑女所推崇,但是真正减肥成功的却没有几个。这一部分根据身体的不同部位,为正在减肥的淑女们介绍几种有趣、渐变、效果明显的另类减肥方法,这些方法在你日常生活的琐碎时间里就可以完成,让你实现拥有"S"形苗条身材的梦想。

一、另类瘦脸法

很多对自己脸形不满意的大脸美女,为了拥有一张让人羡慕的精致小脸,尝试了各种各样的瘦脸方法,也许现在的你还没有找到一款最适合你的瘦脸方式,那么就快来试试另类瘦脸法吧,一定会让你在新鲜中拥有理想的完美小脸。

1. 大喊"啊咿呜耶喔"

只要发出"啊"、"咿"、"呜"、"耶"、"喔"的发音,并极力做出随着声音而变化的最夸张的脸形,就可以达到运动脸部的脸颊肌肉,让脸部看起来紧实,还有消除双下巴的作用。

啊:张开你的嘴!大声喊"啊"!

咿:收紧脸部肌肉喊"咿",对着镜子喊,要看到自己的牙齿!

呜:撅起你的小嘴喊"呜"!

耶:充满激情地,大声喊"耶"!

喔:大声喊"喔"!

小 贴 士

这种方法是最轻松的瘦脸妙招,可随时随地练习,达到拉紧脸部肌肉的效果,当然可以重复多做,次数也没有限制。

2. 吹口哨瘦脸

只要试着吹一下就会发现,嘴唇和脸颊的肌肉呈现出比平时更为"紧张"的状态,而且平时说话活动不到的肌肉也仿佛复苏了。每天坚持吹口哨,不但可以有效防止嘴边肌肉老化,还能够预防面部肌肉松弛,绝对是一举两得的妙方。

吹口哨需要持续进行腹式呼吸，并可锻炼面部肌肉。腹式呼吸可以比普通的呼吸方式吸入更多空气，让身体获得更多的氧气。此外，吹口哨要使用面部肌肉，这相当于进行了面部按摩，具有抗衰老的美容效果。

想拥有健康、美丽的脸庞，非常简单，就吹口哨吧。现在就开始行动吧，利用休息的间歇、做饭的准备时间和洗澡的休闲时刻，轻轻松松让脸部变得更健康、更有弹性。

另外，和吹口哨一样，吹笛也是根据呼吸、吐气的原理发明的瘦身方法，是以吹气的方式刺激脸部、口腔肌肉的运动，还可以依照需要调整吹气的强、中、弱等程度，十分实用。

3. 手指缠胶布瘦脸法

根据中医经络穴位按摩的原理，用一般的医用胶布缠在手指指节的穴位上，每个手指穴位的不同，减肥的位置也不同，有的瘦脸，有的可以瘦臀部。

缠小指＝瘦大腿和小腿

缠无名指＝瘦小腹

缠中指＝瘦腰

缠食指＝瘦手臂

缠拇指＝瘦脸

缠法很简单，将0.4厘米的无弹性透气胶布（市面上有现成的，或将医用胶布耐心地剪成细细的），从指尖开始，每一指节缠2圈，再缠三圈，后缠2圈即可。根据想瘦的部位缠，不过通常看到的都是整只手缠满。

4. 吹气球

购买气球的时候可以选择厚度较大的气球，这样可以加强瘦脸的效果。吹气球的时候肺活量增大，对脸部的肌肉有着很好的锻炼作用。

5. 三温暖小脸套

利用促进脸部排汗原理设计的三温暖小脸套，材质是密不透气的特殊尼龙布料，在洗澡时戴上它，让自己的脸在蒸汽的高温及湿度中排汗、散发脂肪，可以使你的脸一天比一天小。

6. 也许有很多人不知道，人的头部重量会因为睡姿而有不一样的承受重量，影响到脸形大小，所以不但要睡得饱，还要睡得好才是美丽的法宝

仰面躺卧最好，而趴卧及侧睡则会增加脸颊的承受重量，长期下来就会影响到整体骨架及脸形线条的发展。

7. 不背过重的单肩背包

因为人体在承受重物时，往往会不自觉地紧咬牙关，造成脸部肌肉紧张。此外，携带重物走路时，要注意身体左右的均衡，双肩背包是最佳选择。

二、另类细臂法

在遇到脸部浮肿的情况下，不少女性除了从饮食上进行内在调节外，还会自制各种祛水消肿的面膜作为外在调理，消除脸部多余的水分，燃烧脂肪，使脸部变瘦变小。可是你知道吗？手臂也能够做面膜，特别是因体内水分潴留致使全身性水肿而造成的水肿性手臂，利用面膜消肿祛湿所产生的效果丝毫不比脸部逊色，可以说具有异曲同工之妙。

（一）给手臂做面膜的要求

由于手臂与面部毕竟还是有些差异，因此在制作面膜以及敷面膜等方面有几点要求。

（1）做面膜的对象主要针对的是水肿型手臂，脂肪型以及肌肉型手臂使用面膜的效果并不明显。

（2）做面膜的部位多以上臂为主，因为上臂是最容易出现水肿问题，针对性较强，因此功效也非常明显。

（3）由于手臂与面部之间存在位置的差异，因此无法像平时那样将面膜敷到脸上或者用面膜纸贴到脸上，静躺即可。给手臂做面膜，面膜应当稍厚一些，这样可以避免从手臂上溜下来，弄脏衣服；其次，敷完面膜后需要对手臂进行穴位按摩，以促进手臂皮肤对面膜的吸收，增强面膜的消肿排水功效。如果怕麻烦，也可以随意抓捏手臂，总之不要让自己"闲"下来！

（二）让你消除水肿的"瘦臂"面膜

1. 菩提花马鞭草绿豆面膜

选用材料：

干燥菩提花1茶匙，干燥马鞭草1茶匙，绿豆粉

5茶匙，水100毫升。

制作方法：

（1）将菩提花和马鞭草放入锅中，加水小火煎煮约3分钟，当剩下少量水时熄火，取2茶匙汤汁。

（2）调入绿豆粉中，搅拌均匀后敷于上臂上10～15分钟，然后用清水洗净。

功效：

（1）马鞭草能够促进淋巴循环，在排出多余水分的同时还可以使手臂肌肤保持清爽湿润的感觉，有效地缓解上肢疲倦。

（2）菩提花具有保湿、收缩毛孔、紧致肌肤的功效，还可以防止手臂被紫外线照射而产生发红、红肿的问题。

（3）绿豆粉具有消炎的功效，与菩提花具有相同的作用。

小贴士

绿豆本身就有清洁的作用，所以敷面膜之前不需对手臂使用其他去角质的产品。

2. 薏米甘草面膜

选用材料：

薏米粉1茶匙，甘草粉1茶匙，牛奶3茶匙。

制作方法：

（1）将薏米粉、甘草粉倒入容器中，调入牛奶，用汤匙搅拌均匀。

（2）将调制好的面膜均匀地敷在上臂15分钟，同时边敷边轻轻地按摩。待面膜干后再将手指沾湿，揉搓掉面膜，最后用温水洗净。

功效：

（1）薏米粉促进排水，可防止因气血不同造成的水肿、浮肿现象。同时还可以减少黑色素的产生，让你的手臂纤细的同时更加白皙。

（2）甘草粉有镇静消炎的功效，可以改善手臂皮肤的不良状况，如松弛、黑斑等，也是一个非常有效的天然修臂成分。

小贴士

如果无法一次性使用完，必须将剩下的面膜置入冰箱内冷藏，并在一周内用完。

3. 绿茶蛋清精油面膜

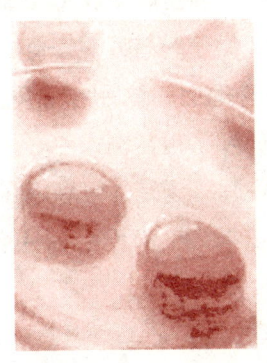

选用材料：

绿茶粉 2 茶匙，蛋清 6 茶匙，橘子精油 2 滴。

制作方法：

（1）将绿茶粉置入容器中，然后滴入橘子精油，再调入蛋清混合均匀。

（2）将调制好的糊状面膜敷在手臂上 10～15 分钟，再用清水清净。

功效：

（1）绿茶粉中含有茶多酚，可以促进血液与淋巴的循环，将多余水分排出体外，从而起到防止手臂浮肿的作用，并能让手臂轮廓更加精致。

（2）蛋清被称为天然的清道夫，它具有较强的清洁作用，不仅可以去除手臂皮肤上多余的废物、油脂、角质等，还会"吸走"皮肤皮下组织的水分，让你不再有手臂"充水"的感觉。

4. 乌龙茶海藻面膜

选用材料：

乌龙茶 2 茶匙，海藻粉 1/2 茶匙，热水 50～70 毫升，蜂蜜少许。

制作方法：

（1）将茶叶放入锅中，注入热水，用小火煎煮 7 分钟左右。熄火后调入海藻粉，如果不够稠厚可适量调入少许蜂蜜。

（2）待面膜降温后，均匀地涂于手臂上，10～15 分钟后用清水冲洗干净。

功效：

（1）乌龙茶含有茶碱和咖啡因，具有抗氧化、促进血液循环、消炎消肿的作用，不仅可以消除手臂虚胖，还可以改善肌肤松弛，让瘦下来的肌肤同样紧致有弹性。

（2）海藻富含氨基酸和矿物质等其他营养素，可刺激细胞更新，促进肌肤的新陈代谢，从而排除手臂皮下细胞内的多余水分和毒素，充分发挥瘦臂的作用。

此款面膜不宜搁置太久，以免茶水变质而对手臂皮肤造成损害。

5. 菊花玉米须面膜

选用材料：

干燥菊花2茶匙，干燥玉米须1大匙，水100毫升，面粉适量。

制作方法：

（1）将菊花和玉米须放入锅中，加水适量小火煎煮约2分钟，当剩下一半水时熄火，将汤汁过滤后，调入面膜，搅成糊状。

（2）将调制好的面膜放凉冷藏，然后敷于手臂10～15分钟后洗净。

功效：

（1）菊花中含有类黄酮素，有抗氧化、抗自由基等作用，可以排出手臂内多余水分和毒素，并起到消炎镇静的作用。

（2）玉米须则可促进肌肤排水消肿，消除手臂的浮肿，防止肌肤发炎浮肿。

此款面膜对皮肤的刺激性不强，因此每天都可以使用。

6. 粗盐鱼腥草面膜

选用材料：

粗盐1茶匙，鱼腥草1大匙，水100毫升。

制作方法：

（1）将鱼腥草放入煮沸的水中，小火煎煮约2分钟，当剩下一半水时熄火，将汤汁过滤后倒入容器中。

（2）将粗盐倒入手心，再调入少许鱼腥草汤汁，轻轻地在上臂水肿部位揉搓，直至粗盐完全溶解。如此反复至皮肤略微发红。

功效：

（1）鱼腥草能帮助手臂排出多余水分和毒素，还可起到消炎杀菌的作用，适合浮肿松弛的水肿型手臂。

（2）粗盐含有多种脂肪分解物，对皮肤的渗透度很高，只要揉搓的力度适中就不会伤及皮肤，还可以促进手臂细胞的新陈代谢，使变瘦的手臂皮肤更加细致紧绷。

小贴士

如果你的手臂皮肤比较敏感，不太适合使用一般的粗盐，不妨选择一种颗粒比较细腻的"沐浴盐"。

三、另类瘦腹法

做一个性感的曲线美人，需要让自己随时随地处于"减腹"状态，如果没有时间去进行锻炼，不妨利用零碎的时间，做些小动作，来帮助小腹运动。下面这些方法虽然看起来不起眼，减腹功效却一点不含糊，只要每天坚持10分钟，就能让小腹一瘦再瘦，绝不含糊。

（一）粗盐沐浴减腹

早上起来还是苗条的美女，可是一吃完早饭腹部就立刻变大，用手一按，还会出现难看的凹陷。出现这种状况是由于淋巴和血液循环缓慢造成的，当水分聚集在细胞内无法顺畅代谢掉，就会造成腹部虚胖。粗盐能够加快血液循环，促进皮肤的新陈代谢，减少废物和多余水分在体内的逗留时间的同时，还使水分变成汗液排出体外，在消除浮肿的同时令皮肤紧绷细致，使小腹更加迷人性感。

粗盐是很常见的东西，在超市中就有卖。每次在洗澡前后，将粗盐用少许热水调成糊，涂在腹部，静置10分钟后用热水冲洗干净就可以了。如果想增强消肿的效果，也可以用海绵蘸上粗盐或者直接涂在手心上，对小腹进行按摩，再配合特殊的穴位点压，你会惊喜地发现，消失的不仅是水分，即使是顽固的脂肪也只能对你缴械投降。

1. 使用粗盐的注意事项

粗盐材质较粗糙，因此在按摩的时候不要太用力，以免损伤皮肤。如果按摩后皮肤出现敏感反应，最好改用性温和且材质细腻的沐浴盐。

2. 粗盐按摩方法

先在浴缸中浸泡10分钟，或者用热水冲洗2分钟，然后在腹部涂上粗盐糊。将双手放在腰部两侧，双手由上而下地打圈按摩3分钟。然后用指尖以肚脐为中心，用力向外拉赘肉至腰部，再由外向内拉，如此各进行10次。最后将手再放回腰部，手掌用力将赘肉向肚脐挤，进行10次。当按摩完毕后，最好不要在浴缸中泡澡，用稍凉的水从头浇到脚，能够使皮肤更加紧绷有弹性。

（二）橄榄油瘦腹法

想要保持苗条的身材，又要让肌肤细腻紧致，那么非橄榄油莫属了，每天早晨空腹饮用2匙橄榄油能够帮助消化，还可以防止皮肤老化；在沐浴后用橄榄油代替按摩油，更能燃烧脂肪，对瘦腹起到双重功效。

每次沐浴完毕后，趁毛孔仍处于张开状态，在小腹上滴4～6滴橄榄油，双手相叠放在肚脐上，先按照顺时针的方向进行按摩50圈，然后再按照逆时针的方向按摩50圈。在按摩的过程中，腹部的血液循环变得顺畅了，肌肉的紧张感也得到缓解。如果小腹开始发热，这正说明皮下脂肪已经开始蠢蠢欲动，只要坚持一个月以上，不光小肚子没有了，困扰多时的便秘也能得到改善。

（三）零碎小时间，锻炼美妙小腹

没有充裕的时间去锻炼，没有关系，只要抓住零碎的时间做做小运动，日积月累，同样能够锻炼出美妙的身材。

1. 擦玻璃

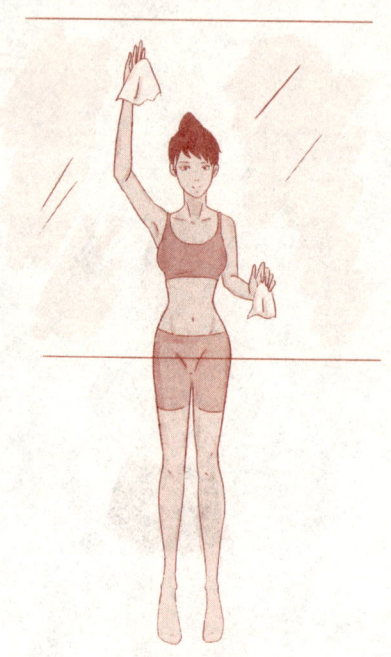

擦玻璃是一个力气活，需要动用全身的力气，如果你平时缺少锻炼，不妨借擦玻璃这个机会锻炼身体。

步骤一：擦玻璃的时候，应有意识地加大动作幅度，进行大面积的清洁。

步骤二：擦完上边的玻璃后，不要屈膝，直接弯腰擦下面的部分，尽量增加弯腰、起身的次数，能使腹肌在擦洗玻璃中得到运动。

2. 擦地板

从今天开始,做童话里的灰姑娘,将拖把丢掉,跪在地上用抹布擦地板。将抹布平放在地上,双手按住两边,手臂同时用力向前向后反复擦。

步骤一:擦地板时,手臂应尽量向前伸,一直伸到身体成瑜伽中的"猫式"姿势,以腹部感到抻紧为宜。

步骤二:然后再将手臂收回,慢慢起身,直到臀部跪坐在腿上,并将腹部向大腿方向下压。这样反复抻拉、收回的动作不仅锻炼腹部线条,还可以起到通便的作用。

3. 洗碗

享受美食是一件快乐的事情,可是饭后洗碗却成了一件苦差事,其实饭后多站一会不仅能够帮助消化,利用刷碗的机会做几个小动作,还会让你拥有平坦性感的小腹。

洗碗的同时可以进行腹式呼吸,即吸气的时候腹部鼓起,呼气的时候再将腹部收缩,如此反复数次,直到腹部发酸为止。如果觉得洗碗时进行腹式呼吸有些困难,那就做一个更简单的运动:将臀部和腹部同时快速地收紧、放松,收紧、放松,共10次;然后再紧紧地收缩臀部和腹部肌肉,保持10秒钟,放松之后再重复,一直到洗完碗为止。

4. 扫地

你是怎样扫地的?是边后退边扫地,还是无精打采地左右划拉?其实扫地并不是什么苦差事,在清扫前只要将它想象成锻炼身体的运动,是不是就能够提起精神呢?我们平时在扫地的时候,都是胳膊在用力,如果稍稍改变一下方式,就是很好的腹部锻炼。

步骤一:扫地时站在原地不动,将上身向前倾60度角,同时缩紧腹部。

步骤二:尽量将身体向前探,注意胳膊不要向前伸,上身有节奏地上下起身、曲身,清扫笤帚能扫到的地面。

步骤三:臀部不动,腰腹部用力将上身向左或向右转,然后将左右两侧的地面清扫干净。如此重复,直到整个房间都清扫干净即可。

5. 唱歌

唱歌也是一种很好的减肥方式，减肥专家作过研究，唱完一首歌的氧气消耗量与跑完一百米的氧气消耗量相同，而且越是节奏快、旋律不定、曲调长的歌曲，消耗的热量越多。

唱歌时最好使用腹式呼吸，具体的方法是：坐在椅子上，两膝尽量向下压，上半身尽量向前伸展。吸气时要充分扩展胸腔，但是双肩不要向上抬，呼气时要缓缓吐气，努力收紧小腹，只有这样才能使腹部得到充分的运动，让脂肪燃烧得更快。如果你是一个标准的"麦霸"，不如利用腹部发声，既可以避免伤害嗓子，还能修炼出平坦的小腹。

6. 走路

走路是最好的锻炼，如果路程不够长无法进行快走运动，那就改变走路姿势，正确的姿势同样能起到瘦腹的作用。在行走的过程中，应始终保持小腹收缩状态，只有这样才能使腹部肌肉得到充分锻炼，让你在不知不觉间拥有玲珑有致、凹凸尽现的身材。

7. 水中慢跑法

慢跑与游泳都是极佳的减腹运动，不过你一定不知道将游泳和慢跑结合起来也是一项快速减肥的好方法。根据科学数据表明，在水中慢跑45分钟相当于在陆地上跑两小时，消耗的热量也是陆地上的数倍，同时腹部因水的阻力也能得到更好的锻炼。

水中慢跑和平日的慢跑方式并不太相同，手与脚同时划动，使身体保持基本垂直并稍向前倾的状态。一般水深最好在1.5～2米之间，运动时双脚不应碰到池底，头部和肩膀则在水面之上。因为水的阻力对心脏会造成一定负担，在运动的时候还应当按照循序渐进的原则，不要贪快求猛，以用休息和慢跑两种方式轮流进行为宜。如果感到心跳过快，最好停止运动，待重新调整后再开始锻炼。在经过一段运动后你会惊喜地发现，与在陆地上大汗淋淋相比，水中慢跑会让你减去更多的脂肪，身体的各个围度都相应减小了，身体状况也有了很大的提高，这或许是"屡减屡败"的女性所无法想象到的。

四、另类塑臀法

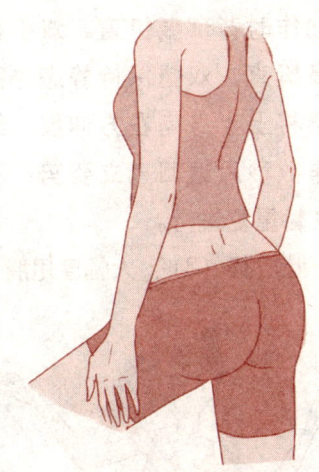

现代女性为了瘦下去,想尽了各种办法,尝试了许多瘦臀减肥的方法,如果都不满意,还想尝试新鲜,不妨试试以下这些另类瘦臀法。这些难以想到的招数,是结合了生理、物理、运动等的功效,但尝试的结果如何,只有你亲自试过以后才会知道。

1. 保鲜膜瘦臀法

有一些人寻找到了一种很另类的瘦臀方式——保鲜膜瘦臀法。但有人指示,保鲜膜瘦臀并不科学,并不能从根本上减肥。长时间用保鲜膜包裹身体,还会使皮肤无法散热而使汗液积存在局部,容易引起湿疹、毛囊炎等皮肤病。再加上保鲜膜本身是化学物品,还容易引起皮肤过敏,对身体造成危害。所以,对于此种方法要谨慎选用。

保鲜膜瘦臀步骤:

(1) 在臀部及各部位相连处涂抹脂肪分解凝胶。

(2) 涂好后缠上有弹力的绷带,最好用保鲜膜将臀全部裹住。

(3) 然后打开音响尽情跳舞,流汗之后自然便有成效。

(4) 涂上冷冻液,大约45分钟后去掉弹力绷带。请记住:别包太长的时间,否则皮肤容易过敏,会很难看的。

(5) 用冷水毛巾擦去汗液即可。

这种瘦臀法是将保鲜膜包裹在身体脂肪厚的部位,促进这些部位出汗和新陈代谢,以达到减脂目的。要是加强包裹保鲜膜部位的局部运动,效果会更好。在运动时喝一些清水,有利于运动中排汗燃脂,并密切注意心跳及排汗情况。

2. 沐浴冷水冲臀

要想让臀部看上去紧翘而有弹性，除了日常的体育运动，每次淋浴时以冷水冲臀，也可以有效收缩脂肪细胞。这其实是一种冷冻减肥法，是利用体温急剧下降来加速脂肪分解的减肥法。这种方法一般在专业的美容按摩室进行，效果十分显著。在家里的时候可以利用减肥霜来按摩臀部等脂肪最易堆积的部位。

同时，要注意尽量少碰味重以及刺激性的食物，烟酒也是不沾为妙，同时多补充维生素 C 以生成胶原蛋白。

3. 肚皮舞甩出美臀

人们通常喜欢跑步、打球、游泳等锻炼方式，可这些方式却很少能锻炼到臀、腰、腹等部位，使这些部位成为减肥的"死角"。尤其白领女性久坐办公室，更容易在臀部堆积脂肪。肚皮舞的核心动作是"抖胯"，是专门针对臀、腰、腹等部位的独特运动，可以帮你彻底扫除"死角"，重塑苗条身材。

肚皮舞（1）：胯部像画8字一样摆动

将注意力集中在腰部，双脚张开，身体微微坐低，将重心放在下半身，做动作时背部要挺直。两手

张开，呈"8"字形来回摆动臀部，注意不要用背部力量旋转。

肚皮舞（2）：弯腰收臀

将注意力集中在腰部，身体微微坐低，将重心放在下半身，做动作时背部要挺直。双手合十提高挺直，双腿保持静态，向右弯腰将上半身向左方伸展，维持动作数秒后返回直立姿势。左右方交替重复进行。

肚皮舞（3）：大幅度甩胯

将注意力集中在臀部，双腿并拢，大腿微曲，将重心放在下半身，保持腰部要挺直。两手在头顶高举，手背紧靠，挺胸，保持后背伸展，身体微微下沉，用臀部力量

由右向左快速摆动。

肚皮舞（4）：抬腿收臀

将注意力集中在大腿，两脚张开比肩略阔，身体微微坐低，将重心放在下半身，做动作时背部要挺直。两手自然垂放在身体两边，先将右脚抬高，然后两脚交替快速地向上抬起，以脚尖着地，注意身体要挺直，不要左右摆动。

肚皮舞锻炼的重点是肥臀和纤腰，但是如同每种有氧锻炼一样，有规律地长期坚持才会出效果。听着音乐，找对感觉，在节奏中释放热情。

另外，作为一种全身性的舞蹈运动，肚皮舞可以让臀部、腿部、肩膀、颈部及手臂都得到充分锻炼，从而舒活筋骨，增强身体柔韧性。除了可收紧臀肌，减去赘肉之外，肚皮舞还能调节女性内分泌系统，促进盆腔血液流通，对月经不调、痛经等妇科疾病也有一定的疗效。

①学肚皮舞，身体要放得开，不能过分拘谨。②课程前后必须跟随教练认真进行舒缓练习，防止肌肉拉伤。③女性在经期时可根据自己身体条件对运动量、剧烈程度进行调整，太过剧烈的行进间抖胯动作应尽量避免。

基本装备：

赤足：古埃及人相信赤足跳肚皮舞可以表达对女神的崇敬，这大概就是肚皮舞赤足的缘由吧。同时，跳舞时通过甩开鞋的束缚，可以更深层次地打开心扉，通过跳舞来连接自己的身体和情感。

服装：在健身中心学习肚皮舞时，穿一身活动方便的休闲服就可以了。不过，准备一套漂亮的服饰能使你在翩翩起舞时更投入。肚皮舞服装通常由三部分组成：露脐小上装、镶有亮片的臀部腰带、低腰裙或灯笼裤。另外还可以根据个人喜好配上相应饰品，需要注意的是全身的服装颜色一定要上下协调、有整体感。

4. 坐抗力球减臀

抗力球起源于1963年的瑞士，最初是作为一种康复医疗器材出现的，后来流传到欧洲、北美等地区，用来辅助治疗腰背疾病、纠正体态、提高病人的平衡性等。由于抗力球可以锻炼腰背、骨盆、腿部肌肉及全身关节，有助于身材的塑造、肌肉的强化，可锻炼平衡协调能力，还能矫正不良坐姿和调整体态。因此，这项运动不再仅仅作为一种病理治疗，而被推广成为大众健身器材。

抗力球运动是一种居家型的运动，其特色在于擅用球滚动的特性，当身体在平衡态时，就必须尝试控制它，而为达到平衡得将肌肉放松，这可以使精神舒缓，消除紧张。抗力球具有超强的支撑，不但可以支撑身体重量，其绝佳的弹性能缓冲运动时的冲击力，它像器械式健身器材一样有场地的限制，只要有可以让你横躺的空间，在家就可以做，是一种全身性的运动。

现在，日本一些公司的办公室员工们在办公桌前，眼睛紧盯着电脑屏幕，认认真真地处理着手里的活儿，可是他们坐的不是椅子，而是坐在一颗颗圆球上，这就是抗力球。这个貌不惊人的圆球，你坐在上面，可以让臀部肌肉紧张起来，达到锻炼的目的，另外，臀部肌肉和腿部肌肉同样可以得到锻炼。

最重要的是，这种健身方法对工作影响不大。如果你感觉累了，完全可以再坐回原来的椅子上。由于使用方便，效果明显，所以抗力球成了日本目前最时髦的小空间健身运动器械。日本一名上班族说："抗力球既让我达到健身的目的，又纠正了我的坐姿！"

想玩抗力球的人记住，防滑是第一要务，为保护你不因坐抗力球受伤，千万不要在光滑的磁砖上做，你可以靠着墙壁或铺个大毛巾或地毯。

5. 抗力球瘦臀动作坐姿单腿曲伸

训练部位：
股四头肌，臀屈肌（鼠蹊部）。

步骤一：坐在抗力球上，臀部收紧，肩膀放轻松，双脚平放于地上。

步骤二：单边曲腿向前伸直，稍作停顿，再恢复姿势。

步骤三：左、右脚各做12次。

步骤四：身体平俯在抗力球上，双手双脚着地。

步骤五：单脚直腿上抬与地面平行，但左右边臀部要维持相同高，稍作停顿，再慢慢把腿放下。

步骤六：左、右脚各做12次。

五、另类细腿法

有许多女性都梦想自己能有完美的比例及轻盈的体态，遍寻能够达到理想瘦腿的秘方，但是又担心会伤身且有负作用。因此，如何能够健康又可快速瘦腿，似乎已是所有女性们最盼望知道的。另类瘦腿法就可以为你做到这些。

1. 爬行瘦腿法

爬行是人类的本能，但你知道吗，通过爬行，还可以纤臂瘦腿。

爬行应该算是比较另类的一种瘦腿方式，虽然另类一点，但是有根有据的。在健身教练看来，在爬行中四肢要平分身体的重量，可以保持人体各部位承受地心引力的一致和血液循环分配的均衡，并且能够缓解内脏的压力，同时爬行式动作对人体腰腹肌肉提出了更高的要求，对腰腹深层肌肉有明显的锻炼效果。另外，人在爬行中会不自觉地使用腹式或胸式呼吸，这对于加强腿部脂肪的消耗十分有益。

双手撑在垫子上，双腿弯曲，两膝并拢，重心在手脚之间，脚掌触地。双脚蹬地向后伸直，将重心向前移，双手依次向后退，直至双腿再次弯曲到初始状态。重复5～6次，中间记得休息1～2分钟。

注意做动作时不要憋气，调整好呼吸，呼气时用力，放松时吸气。完成动作前要充分活动开踝关节和腕关节；双脚落地时注意防止膝关节先触地，以免磕伤膝盖。

2. 另类走路瘦腿法

谁不会走路？可是你知道吗，换换走路的方法，你就离你梦想的美腿不远啦！

你知道在公园内就可实行"快走踢腿"瘦腿法吗？现代人有较多机会在公园散步，但是只有散步而已就太浪费了！现在只要稍微调整散步方式，便可达到散步兼瘦腿的机会。散步的时候，可以增加踢腿，摆平的动作，并尽量放大动作，放大步伐，走一段路之后用小急步走，觉得呼吸急促时，再慢慢改回大步走，如此交替地走，可以增加走路的耐力，像这样的走法，如果在公园行走半小时以上，用掉的卡路里可是不少哦，重点仍然是小腹用力，就是用"小腹"走，才不会走出大粗腿。而且还可以细腰瘦身。

3. 玲珑清酒浴

日本兴起以清酒做瘦腿的材料，效果奇佳，值得一试。

（1）500mL清酒混入半缸热水中，擦拭腿部约

半个小时，出汗即可。

（2）5分钟后，同样的方法擦拭腰部及双腿。

功效：促进血液循环，加速体内新陈代谢及脂肪代谢，去除腿部脂肪。

注意：皮肤敏感者慎用。

4. 保鲜膜瘦腿法

有不少中国女性都是一副发展极不平衡的三角形身材：双腿匀称的时候胸部往往小而瘪，而上身刚刚圆满丰润一点，下肢就不可一世地飞扬跋扈起来，特别是大腿外侧，极易鼓出两团赘肉，像是挂上去的两只口袋。而今裙子越穿越短，双腿岂可越露越怯？

保鲜膜瘦腿方法（1）：

动作1：在大腿及大腿和臀部相连处涂抹脂肪分解凝胶。

动作 2：涂好后缠上有弹力的绷带。

动作 3：涂上冷冻液，大约 45 分钟后去掉弹力绷带。

动作 4：最好用保鲜膜将腿全部裹住。出过汗后用冷水毛巾擦去，使腿部肌肤更加光滑，富有弹性。

动作 5：把腿张开，比肩稍宽，用手去握脚后跟。

动作 6：把腰压低，与腿和臀部成直角。

保鲜膜瘦腿方法（2）：

将保鲜膜紧紧缠在腿上，然后开始走路或跑步，做家务都可以。每天坚持约 45 分钟至一个小时，能够有效防止脂肪囤积，帮你雕塑出健康美丽的腿部曲线。一般来说，当你每次揭下湿淋淋的保鲜膜那一刻，基本上就会见到一些成效了！

Part 6

按摩瘦身：动人身材"按"出来

如果你是个不喜欢依靠"体力运动"来减肥的淑女，就快来试试"按摩"的减肥方法吧。人体有很多穴位，不同的穴位有着各自不同的作用，通过按摩特定的穴位，达到瘦身的效果，这种方法已经被很多人验证过了。它既不需要MM们蹦蹦跳跳，也不需要买什么昂贵的器械，只要MM们能够坚持到底，一定会用自己的双手"按出"完美的身材曲线！

一、按摩瘦身的原理

中国传统的医学认为，脾、胃、肾三脏的功能失调是导致肥胖的主要原因。而按摩，是运用中国医学上传统的推拿手法，对特定的穴位、部位和经络进行着重刺激，以达到通过调动机体的内在因素，而调整脾、胃、肾三脏功能，使之恢复平衡、正常直至达到减肥的目的。

现代医学探究证实，按摩减肥的原理主要有以下四个方面：

1. 消除饥饿、疲劳感

按摩能够有效地消除或者减轻肥胖者的饥饿感、疲劳感，从而增强肥胖者自主运动和控制食量的自控能力，使减肥者能够比较容易地做到少食多动的生活状态。这样，减肥中的淑女就会不自觉地降低热量的摄入总量，最终达到消耗脂肪的减肥目的。

2. 加速新陈代谢

按摩能够刺激神经系统的反射，以此促进人体内不活动的组织胺，释放出活动性组织胺和酰胆碱，从而达到通过加强血液循环、增强淋巴循环，使新陈代谢加快而减少脂肪堆积的效果。

3. 燃烧脂肪

按摩，能够使被按摩部位的血液循环加速，使氧气输送增加，从而促进皮下脂肪组织能够充分地"燃烧"掉，这样皮下组织中的脂肪细胞就会大大减少，最后达到减肥的效果。

4. 恢复肌肉弹性

很多淑女在疯狂减肥之后，都会有这样的烦恼：曾经富有弹性的肌肉，如今变得像一摊烂泥，毫无生机，软塌塌地贴在身上。如果你使用按摩的方法，就可以解决这个问题。按摩能够使衰退的肌肉恢复原来的机能，使绷坏的身材曲线重新恢复弹性，还你一个完美的身材线条。

二、按摩的注意事项

按摩减肥已成为大多数淑女们瘦身计划的方法之一,这种减肥方法对于工作繁忙、经济能力有限的淑女们来说,是非常理想的。

选择按摩减肥的淑女们注意了,光知道身体上可以减肥的穴位和按摩方法是不够的,还需要了解按摩的注意事项,这样才能够保证安全、有效地进行按摩减肥。

按摩减肥的注意事项:

(1) 有以下病症的淑女,不适合采用按摩减肥的方法:内脏器官疾病,患有恶性肿瘤,感染性、化脓性疾病,如烧伤、烫伤、皮肤病、静脉曲张、血栓性静脉炎、结核性关节炎。

(2) 自我按摩减肥,贵在持之以恒,每天可以选择在起床、睡觉时各做一次。

(3) 按摩减肥之初,可能会出现全身酸痛的症状,但只要一直坚持下去,渐渐地,酸痛感就会消失。

(4) 按摩中如果有心慌、恶心和青紫淤痕等症状,要立即停止,减轻力度、纠正按摩手法,几天后再继续。

(5) 按摩的时候,要注意力集中,用力均匀,臀部、腿部用的力可以稍微大一点;腹部、腰部就要适当地轻柔一些,以免伤及内脏。

(6) 在经期、妊娠期和产后1个月以内,不可以做按摩,尤其是腰部、腹部是绝对禁止按摩的。

(7) 按摩前要做好充分的准备,比如要将指甲修剪整齐、双手清洗干净、戒指等饰品要取下等。

(8) 按摩的时候要注意保暖,如果温度适中,最好直接在皮肤上进行按摩,如果温度较低,也可以隔着衣服进行按摩。

(9) 按摩要保持节奏感,即两次用力之间要有一个时间空隙,因为人体的血管和神经都很脆弱,如果过度用力，淋巴细胞及血管的运作会受到阻塞，这样对皮肤的保养不太好。

（10）按摩前节制饮食，最好是在进食后的 5 个小时左右进行按摩。如果人体不缺乏能量，根本就不会分解脂肪，按摩根本起不到应有的作用，当然过度饥饿也不能进行按摩。

三、按摩瘦脸

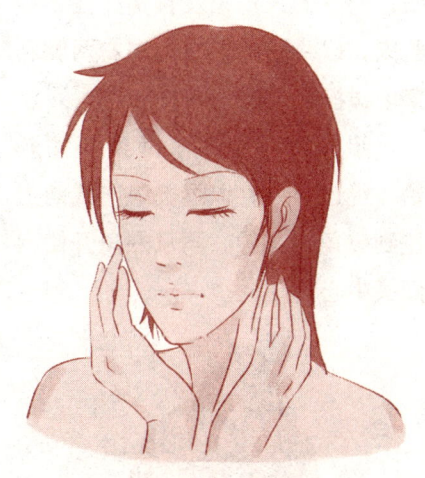

只要方法正确、持之以恒，按摩也可以瘦脸。合理的面部美容点穴按摩可以促进血液循环，补充皮肤营养，调节皮脂分泌，达到清洁、滋润、消除疲劳及多余堆积的脂肪等多种目的。瘦脸按摩不仅仅是揉揉脸，还要配合按摩紧肤、舒缓、排毒等动作，效果才会更好。

1. 西班牙古法瘦脸按摩

新兴西班牙古法按摩，以简单的指压按面手法配以香薰瘦面产品，简单易学，每晚睡前和起床后操练，很快可让你重新找回小脸的自信。

按摩方法：

步骤一：深呼吸，从右边面颊开始，以拇指沿耳朵凹位向下顺按至锁骨位，循环做 10~20 次。然后换另一面做重复动作 10~20 次。

步骤二：深呼吸，从鼻翼两旁以食指作小打圈式于颧骨下方按到唇边，循环做 10~20 次。

步骤三：深呼吸，由下巴尖端开始，按压至耳背骨，循环做 10~20 次。

2. 胖脸紧缩按摩操

很多女性在为自己的胖胖脸烦恼，虽然脸上的骨骼架构无法改变，但通过穴位按摩可以消除脸颊内的皮下脂肪，下面这套脸部紧缩按摩，不仅能让你重新

变回小脸美人，还能预防皮肤皱纹！

按摩方法：

步骤一：脸部涂上按摩霜，在颊骨的部分纵拉赘肉，并向外拉开。然后位置慢慢向下移，到鼻翼为止。动作缓慢进行，持续进行1分钟。

步骤二：涂上按摩霜后，指腹朝内侧轻轻摩擦皮肤，由颊骨部分往上推托、按摩。动作缓慢进行，持续1分钟。

步骤三：双手贴在脸颊上，着重抚平鼻唇沟的皱纹（鼻翼的细纹），皮肤以横向拉开，使脸部光滑。手掌由内向外推，至外围轮廓为止。动作缓慢进行，反复进行1分钟。

3. 按摩胖胖脸

有人觉得拍打面部脸会长胖，其实这是个认识误区。脸胖的人，适当地按摩轻拍脸部，会使肌肉变紧，会起到大脸变小脸的神奇效果，那么该如何拍打才能瘦脸呢？

按摩方法：

步骤一：使用具有镇静效果的化妆水通过化妆棉轻拍面部，然后沿着眼眶，以指尖拍打颊骨，最后以混合的化妆水乳液举行抹均匀即可。注意力度适当，并要顺着脸部肌肉纹路走向轻拍，要是方向相反作用就会适得其反。

步骤二：先按压或拍打右耳下方到下颚的脸颊，手肘张开，左右手交互由下往上滑动按摩脸颊肌肉，接着以相同的方式按摩左脸颊。

步骤三：沿着下颚至耳下的曲线，两手的大拇指及食指抓住下颚肌肉，以手腕的力量向左右两侧利落地拔捏。

步骤四：从鼻子横梁两侧开始，经过鼻翼，以画圆弧方式向上拉到鬓角的部位，再从鬓角开始向额头中心运动。

部,用大拇指以外的手指来支撑鬓角部位,用两个大拇指的指腹在腮骨以下沿着从下颌到耳朵的方向按摩10次。

步骤五:从内眼角开始,经过额头慢慢移向鬓角,再经颊骨的上方向鼻子两侧做伸展按压的运动。

步骤二:嘴略微张开,在面颊两侧的颌部(槽牙咬合的部位,嘴巴张开时会活动)用两个大拇指的指腹按摩10次。

步骤三:用手掌将整个脸部皮肤往上提拉,你会感觉到脸部突然变得紧致有弹性,要记住动作是往斜方向轻轻来回按摩10次。

步骤四:双手指尖敲击头顶,可以提神醒脑,并促进血液循环。消除压力的同时使面部的皮肤更加好看。

边深呼吸边做运动,不仅能刺激神经系统和皮下组织,同时还具有防止眉间和额头出现皱纹的作用。

步骤五:将两只耳朵夹在食指和中指之间并上下强烈地摩擦,直至耳朵感到灼热感为止。耳朵相当于小型肾脏,并连接着五脏六腑。摩擦耳朵可以增强肾功能,同时可以缓解疲劳,而且可以起到间接刺激全身的效果。又因为耳朵与面部肌肉相连,所以刺激耳朵还有助于塑造美丽的脸部轮廓。

4. 按摩紧实小脸

脸部皮肤松弛、水肿等都会使原本不大的脸放大一圈,按摩能够增加皮肤细胞,提高皮肤弹性,使脸部看起来精致可人。

按摩方法:

步骤一:将按摩霜涂抹于面

步骤六:用对侧手的大拇指以外的手指来固定住两颌部位,将大拇指放在法令线的位置上,朝向鬓角方向用力提升。之后换另一只手，在对侧同样进行按摩，各做10次。

步骤七：用两手手指的第2关节部分来刺激脖颈部位。在脖子的正面上下移动，之后再移至脖子的两侧上下进行按摩各10次。在向上进行的时候稍微用力，向下的时候略微放松。

步骤八：双手放到脖子滑至锁骨部位，轻轻压着锁骨的凹陷处，全部的肌肉放松，并结束按摩动作，每次3秒钟，同样做3次。

步骤九：两个大拇指在两颌位置固定，使用两个弯曲成钩状的食指，沿下颌、面颊的下半部分，以及中央部分由内至外按摩。再将大拇指移动到鬓角的部位，按摩眼睛下方、眼睑以及额头各10次。

步骤十：将下颌抬起，两手做成半握拳动作，将手指的第2关节放置在下颌的下方，由中央至两边，再由两边向中央移动按摩10次。中央至两边要强力，相反则弱。

5. 提升按摩改善面部肌肉下垂

随着年龄的增长，岁月的流逝，脸部肌肉也会逐渐失去其弹性，使整个面颊凹陷，两侧皮肤下垂，不仅尽显老态，还会使你的脸看起来比实际的胖，为了不做大脸女，还是赶快改善脸部肌肉下垂吧，而这套按摩操可以预防脸部肌肉下垂。

按摩方法：

步骤一：使用涂抹了乳液的手将面颊向太阳穴方向上提。

步骤二：利用手掌的柔软的部位来提升额头。

步骤三：调理脖颈部位的淋巴循环，沿着耳朵下方到脖颈部位用手指轻拍。

步骤四：下颌、面颊以及眼睛下方由内到外进行按摩。

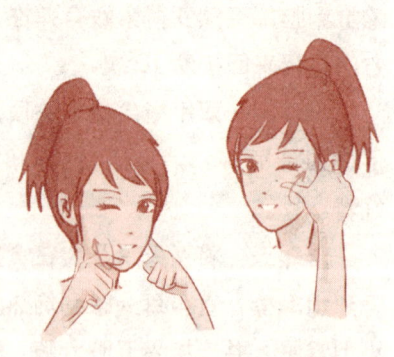

四、按摩瘦臂

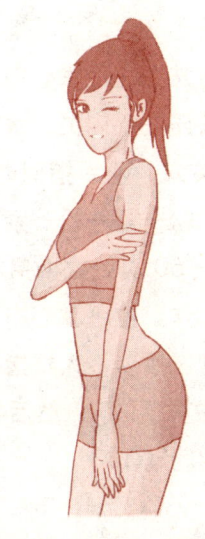

臂方法——臂膀按摩法。通过找准穴位或者使用辅助工具，运用推拿、按压、抓捏等手法进行按摩，不管是哪一类的"胖手臂"都能够找到属于自己的"纤细"之路。

1. 穴位瘦臂按摩法

"没有丑女人，只有懒女人"，在减肥的路上有多少女性一开始就立下了"豪言壮志"，到最后却败给了"懒惰"。难道"懒女人"就没有美丽的权利吗？当然不是，"懒人"也有"懒方法"，不爱运动的你不妨使用按摩的方法，无须流汗，无须气喘吁吁，只要能够找到可以瘦臂的穴位就能起到减肥的效果。当然，对于经常运动的女性而言，在运动后对身体进行按摩，还有巩固运动"成果"的作用，让你的手臂在双重"作用"下自由展现曲线优美，更加紧实且富有弹性。但想通过按摩达到瘦臂减肥效果则需要长期坚持，不要寄希望短期按摩就能瘦臂。

与身体的其他部位相比，上臂往往是大家容易忽视的运动死角，由于平日运动不足，再加上各种不良习惯，久而久之，上臂的脂肪沉积、肌肉松弛、水肿等状况日趋严重，形成令人尴尬的"蝴蝶袖"或者

臂膀就像守卫在身体两侧的卫士，尽职尽责地调整与完善身体的线条，可是偏心的你却只顾着将注意力集中在小腹、大腿和脸颊上，完全忘了臂膀同样需要关心与呵护。现在，越来越多的女性将臂膀减肥也列入了自己的计划单中，不管是健美操、瑜伽还是普拉提都做得不亦乐乎。不过，她们还忘了一个最有效的瘦

"拜拜肉"。想要摆脱"蝴蝶袖"的困扰，让手臂在缤纷的夏日能够更加自信与秀美，不妨用指压按摩的方法助你一"臂"之力。

人体经络遍布全身，在体内构成了一张大网，其中包含的穴位就有360多个，这听起来或许会令人望而生畏，手臂减肥只要掌握几个基本的穴位就足够了。每天按摩一次，对臂膀减肥能够起到出乎意料的效果。

（1）曲池穴。

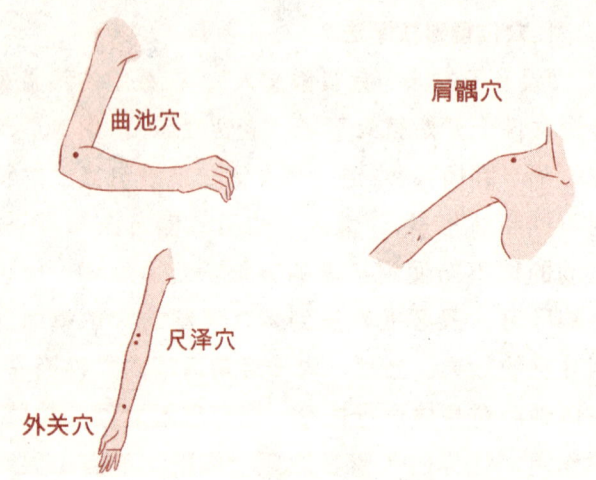

曲池穴位于手臂肘部横纹外侧的凹陷处，即屈肘呈直角，肘横纹外侧端与肱骨外上髁连线的中点处，用手压迫时会引起略微疼痛。

按摩方法：将臂肘关节弯曲并靠近身体，放松臂部肌肉。用拇指以旋转或压揉的方式，持续按压穴位5秒，然后放开，左右两臂各按压20～30次或者1分钟。需要注意的是，此穴容易造成流产，孕妇禁用。

（2）外关穴。

外关穴位于前臂背，手腕横纹向上三指宽的凹陷处，与正面内关相对。或者取穴于阳池与肘尖的连线上，手腕背横纹向上2寸的尺骨与桡骨之间。

按摩方法：左手掌心向上，用右手拇指按压左手内关，食指的指腹置于外关穴，两手指同时按压，力度遵循"松—紧—松—紧"的节奏。待按压50次后，换另一只手重复相同动作。左手掌心向下，右手四指托住左手腕，大拇指按压捻揉左手外关穴50下，然后换另一只手重复相同动作。

小贴士

"指宽"是计算穴道位置的基准，例如，"一指宽"是指大拇指最粗部分的宽度；"两指宽"是指食指与中指并列，第二关节（从指尖下数）部分测量的宽度。

（3）尺泽穴。

尺泽穴位于人体的手臂肘部，

取穴时掌心向上,手臂上举且略微屈肘,在手臂内侧中央处(与肘关节相对的部位)可摸到一根粗腱,腱的外侧即是尺泽穴。在该穴上方3~4寸处用拇指使劲按压,如果感到疼痛,该部位就是"上尺泽穴"。

按摩方法:用左手拇指按住右臂的尺泽穴,轻轻揉动,力度以穴位稍感酸胀为宜。揉动1分钟后换另一只手臂重复相同动作。

(4)肩髃穴。

肩髃穴位于手臂,取穴时手掌朝上,将手臂向外展或者向前平伸,在肩峰下缘的三角肌上找到一处凹陷,按揉凹陷。

按摩方法:左手叉腰,将右手中指的指腹放在肩部肩髃穴处,适当用力揉按1分钟。然后换另一只手臂重复相同动作。

(5)臂臑穴。

臂臑穴位于人体的臂外侧、三角肌的止点处,也可以将曲池穴与肩髃穴连成一条直线,沿该直线找到曲池穴向上7寸的部位。取穴时,将双臂弯曲呈V字形后用力叉腰,就会

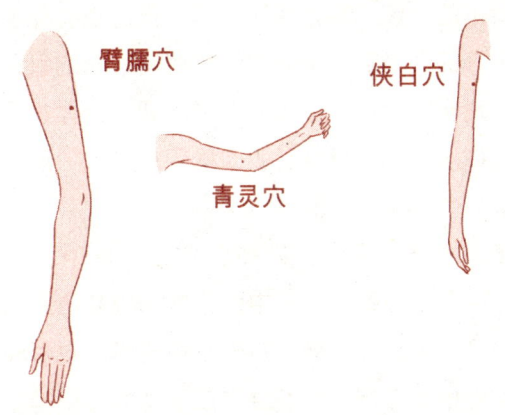

出现三角肌,在三角肌的前端稍微内侧就是臂臑穴。

按摩方法:左手叉腰,右手大拇指用力按压臂臑穴,每次按压的时间持续5秒,重复10次。然后换另一侧重复相同动作。

(6)青灵穴。

该穴位于人体的臂内侧,找到极泉穴与少海穴的连线,沿着该连线选取在肘横纹向上3寸处,肱二头肌的内侧沟中。

按摩方法:将左手拇指、食指和中指放在右臂青灵穴,对合用力,拿拔0.5~1分钟。

(7)侠白穴。

侠白穴位于人体的手臂内侧,肱二头肌桡侧缘,腋前纹头下4寸,或肘横纹上5寸处。

按摩方法:将食指和中指的指腹放于穴位之上,大拇指托住手臂,稍用力向下按0.5~1分钟。

2. 按摩耳穴瘦臂法

想要通过穴位按摩将粗手臂变细,不一定非要盯

住手臂上的穴位不放,身体的其他部位也有能够让手臂瘦下来的穴位呢。例如我们最容易忽略的耳朵上就有能够瘦臂的穴位,适当刺激可以调节身体机能,使因局部血液循环不畅或者肌肉松弛后形成"肥膏"的手臂重新"振作"起来。

按摩方法:取穴位。肺点穴位于耳甲腔中央周围;心点穴位于耳甲腔正中凹陷处;内分泌点穴位于耳朵的耳甲腔底部;神门穴于三角窝内,对耳轮上下脚分叉处稍上方;肾上点腺穴位于耳屏游离缘下部尖端。用食指的指端稍用力,按照顺序按摩上述穴位,每个穴位按压1分钟,每日1次。

小贴士

耳穴减肥因人而异,减肥的效果也有快有慢,因此不宜过于急于求成。此外,在按压穴位时,不要将手指过分深入耳洞,以免对耳膜等部位造成损伤。

3. 按摩淋巴消水肿

你是否在清晨起床的时候双眼浮肿,再观察一下自己的双臂是否同样有充水、浮肿的问题?不要再怀疑了,这就是典型的水肿症状,只有将"躲藏"在手臂内的多余水分"请"出去,手臂才能重新变得纤细迷人,否则再怎么节食减肥,也只会让身体受委屈。

想要消除手臂水肿,就必须先按摩淋巴腺,刺激淋巴腺能够促进血液循环,将手臂中积存的水分与代谢废物全部清除干净,没有了多余的负重,手臂自然就显得轻盈纤瘦。

按摩方法1:推腹按摩。

身体自然挺直,双腿略微打开,分别找到大腿根处的两个淋巴结。先将左手四指并拢,用指腹从左腹部向右下方大腿根的淋巴结推。重复推摩10~15次,换右手重复相同动作。

按摩方法2:按摩右臂淋巴。

右臂屈肘,掌心向上,将左手拇指的指腹贴在右臂肘部的内侧,轻轻按压10秒钟即可。

PART 6 按摩瘦身：动人身材"按"出来

小贴士

右臂肘部内侧的淋巴丰富，力度适中的按摩能够促使停滞的淋巴液流通，除了可以消除水肿外，对因缺少活动而造成的肩膀血液淤积、手臂无力酸软也大有裨益。

按摩方法3：相互牵制。

双手握拳在腹前交叉，其中左手在下、拳心向上，右手在上、拳心向下。将右手向下压的同时，将左手向上推，使两臂处于相互牵制的状态。保持这个姿势10秒钟，然后上下交换，重复相同动作，每天5次。

小贴士

这个动作不仅能够促进手臂的血液循环，对双臂后侧以及前侧的肌肉也有收紧的作用。进行动作的时候，应注意不仅手腕要利用，手臂同样应"出力"，否则就无法达到消除水肿的最佳效果。

按摩方法4：敲击握压按摩。

步骤一：取坐姿，右手握空拳，用敲击的方式，从左手外侧的手腕一直敲击到肩膀。换左手握空拳敲击右臂。两侧各重复3～5次。

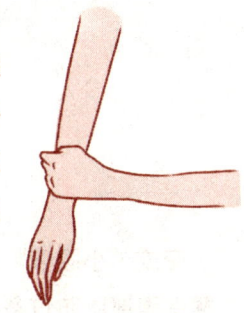

步骤二：右手握住左手腕，以"抓紧—放松"的频率从手腕一直握到手臂根部。换左手握住右手腕，重复相同动作。两侧各进行3～5次。

按摩方法5：毛巾摩擦。

步骤一：端坐在桌子前，左臂伸直，掌心向下置于桌面上。取一条干燥柔软的毛巾，沿着左臂根部的外侧缓缓向手背擦拭。

步骤二：待擦拭到手背后，再将左臂翻转，掌心向上，用毛巾从掌心沿着手臂内侧缓缓向腋下擦拭。换右臂重复相同动作。

小贴士

用毛巾进行按摩能够将力量集中起来，对手臂上的穴位经络产生良性的刺激，从而使已经停滞的循环重新变得通畅，新陈代谢加快，有效消除手臂上的浮肿与脂肪。不过在按摩时，不宜太过于用力，擦拭的力度以手臂稍感发热为宜。

五、按摩瘦腹

变成"小腹婆"的原因主要是腹部脂肪过多,而每天消耗的热量却远远小于储备,日积月累,脂肪囤积在腹部,自然生出难看的"游泳圈"。按摩减肥的目的就是通过找准穴位,用各种手法对身体进行推拿、按压、抓捏,使脂肪经常处于柔软而且容易燃烧的状态,像最容易堆积脂肪的腹部,就可以通过反复按摩促动,起到非常明显的减腹效果。

1. 穴位按摩

(1) 脐周。

按摩方法:平躺在床上,右手放在肚脐周围,左手叠放在右手背上,稍用力,按照顺时针的方向做圆周按摩,大约30~50次。

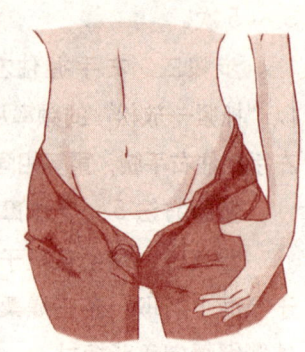

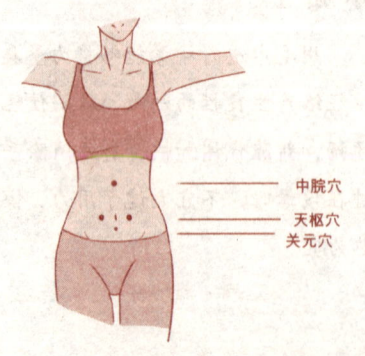

中脘穴
天枢穴
关元穴

(2) 中脘穴。

胸骨下端和肚脐连接线中点即为此穴。

按摩方法:平躺在床上,自然呼吸,左手的掌心紧贴于中脘穴上,然后将右手掌心重叠在左手背上,双手同时稍用力,按照顺时针或者逆时针的方向画圆推动,揉按30~50次。手掌按摩完毕后,再将右手拇指按在中脘穴处,适当用力揉按1分钟。

(3) 天枢穴。

天枢穴位于人体中腹部,肚脐向左、右三指宽处。

按摩方法:平躺在床上,双手叉腰,将中指分别压在两侧的天枢穴上,大拇指放在腹外侧,中指适当用力按揉30~50次。

(4) 肋下。

按摩方法:坐在椅子上,将手掌分别放在肋下两侧剑突处,手指张开，指间的距离应与肋骨的间隙等宽。先用右掌向左推至身体左侧，再用左掌向右推至身体右侧，各推动10次。然后双手同时稍用力揉按1分钟。

(5) 腹中线。

按摩方法：坐在椅子上，将双手叠放，掌心贴在剑突下。双手适当用力，从剑突下沿腹中线向下推至脐部，然后再由脐部推回到剑突下，如此反复推摩1分钟。

(6) 上下腹部。

按摩方法：先将双手叠放，然后掌心向下贴紧上腹部，适当用力顺时针做圆周摩动1分钟，然后再将掌心贴紧下腹部，按照同样方法做圆周摩动1分钟。两次按摩均以腹部发热为宜。

(7) 腹肌。

按摩方法：坐在椅子上或者平躺在床上，放松身体，双手拇指与其余四指分别捏住腹部正中线两侧的肌肉，从上腹部开始一点一点地拿捏，一直拿捏到下腹部。拿捏的力度应当均衡，尽量使整个腹肌都被按摩到。时间由自己掌握，一般以3～5分钟为宜。

(8) 按揉关元穴。

位于脐下三寸处。

按摩方法：右手拇指伸直，其余四指半握拳，将拇指的指腹压在关元穴上，适当用力按揉1分钟。换左手，拇指按压在穴位上，同样按揉1分钟即可。

(9) 脐旁。

按摩方法：将双手中指分别放在肚脐两旁，然后同时适当用力，向两侧分推至腰部，然后再从腰部推回至肚脐处。如此反复1～3分钟，以腹部发热为宜。

(10) 腰腹。

按摩方法：将双手分别放在腰部，用掌根经由腹部，同时斜下推至耻骨，然后再由耻骨推回至腰部。如此重复1～3分钟。将手掌放在腹部中线的两侧，用掌根从上至下推到大腿根处，然后再由大腿根处推回至腹部两侧，如此重复1～3分钟。

2. 不用双手的"非典型"按摩

这种按摩方式又叫做运动式按摩，在按摩的同时进行适度的运动，可以改善腹部的血液循环，增强消化功能，使瘦腹效果更明显，不管从哪个方向看，身体都是完美的"S"形。

按摩方法：

步骤一：俯卧在地上，两腿伸直并且分开，两肘张开与肩膀保持水平，两只手叠合放在地上，下颌轻轻压着手背。

步骤二：身体尽量保持放松的状态，腹部紧紧贴在地板上。腹部用力，以肚脐为中心分别向左右揉搓，然后再上下揉搓，交替进行各10次。

步骤三：保持俯卧的姿势，脚趾用力向上蹬，使大腿悬空。保持这个姿势，按照上下左右的方向揉搓肚脐，各做10次。

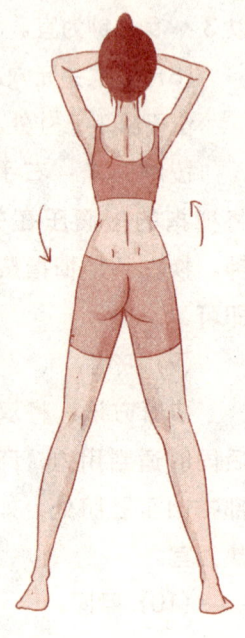

揉搓的时候腹部一定不能离开地面，而且要保持鼓起的状态。

3. 按摩甲状腺

位于甲状软骨下紧贴在气管第三、四软骨环前面，由两侧叶和峡部组成。

经常按摩甲状腺能够使身体产生大量热量，加速基础代谢率，促进脂肪的分解。如果甲状腺激素不足或者失调，容易造成内分泌失调，影响体内电解质代谢平衡，致使腹部因水肿而出现虚胖、体重增加。

按摩方法：先将双手相互摩擦，待手心发热后，分别贴在喉咙两侧的甲状腺体处，两只手同时轻轻地按摩甲状腺，然后再用手指捏揉，左右各36次，时间大约为2分钟。

4. 速效揉捏腹部减肥法

通过抓捏使腹部肌肉得到锻炼，弥补腹部因运动不足造成的脂肪堆积。

按摩方法：

步骤一：双手并拢，十指的指腹同时放在腹部的一侧，按照顺时针的方向按压肚脐周围。

步骤二：按压完毕后，在相同部位用指尖以旋转的方式揉按各个穴位，每个穴位揉按1分钟，力度以没有疼痛感为宜。

步骤三：将双手同时放在腰部的一侧，由外向内拿捏、推压，时间大约是1分钟。换另一侧重复相同动作。

步骤四：双手握空拳，分别放在腹部外侧，然后不断地自外向内推。

步骤五：双手并拢，十指分别

放在肚脐处,同时向下推按。指腹应贴紧皮肤,带动表皮和皮下组织一起运动。

5. 消除胀气的叩压式按摩

每天早晨醒来的时候,先不要睁开眼睛,可在腹部按摩,能够促进肠胃蠕动,帮助排便,使小腹不再因为胀气而变得突出。

按摩方法:

步骤一:用右手按摩下腹部,手法以揉按和推压为主。如果手按到不舒服的地方,就停在那里。

步骤二:用手指压住不舒服的部位,然后左手中指有节奏地叩敲在右手手指的第一节指节上,直到该部位的不适感消失为止。

6. 拍打瘦腹术

帮助腹部脂肪燃烧,促进腹部血液循环。此外,减腹的同时还能缓解便秘、痛经等不适症状。

按摩方法1:盘腿瘦腹术。

步骤一:盘腿坐在地上,保持自然呼吸,同时双手向前伸,手腕自然下垂。

步骤二:双臂突然下坠,利用双臂下坠的力量拍打丹田部位(肚脐周围)。然后将双臂抬起,再突然下坠。如此反复练习30次。

按摩方法2:马步瘦腹术。

步骤一:双腿分立站好,略微屈膝,同时下腹部用力,摆出骑马的姿势。想象全身的力量都集中在丹田处。

步骤二:深深地吸气,同时慢慢地将双手向前平举,手腕放松。然后呼气,并用双手拍打下腹部(肚脐周围)。重复30次。

7. 涂抹摩脐法

功能:通过按摩腹部可达到瘦腹的效果,同时改善排便不畅和胀肚等现象。在按摩的时候如果使用精油、维生素D胶囊或者凡士林,不仅能够增加按摩的效果,更有助于人体经络、穴位的疏通,刺激促进血液循环。早晚坚持按摩,一个月内腹部在不知不觉中就可以减小4～6厘米呢!这个按摩需要两个人的配合,可以请自己的家人来协助腹部按摩。

按摩方法：

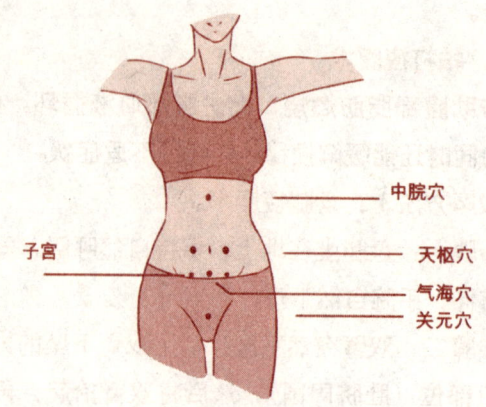

步骤一：一个人平躺在床上，另一个人站在旁边，在卧者的腹部涂上凡士林、精油或者维生素D胶囊液体，用手掌在腹部周围按揉2～3分钟。

步骤二：再用双手掌按照升结肠、横结肠、降结肠、乙状结肠部位的方向，顺时针按揉，约3～4分钟，此时会感觉腹部有暖暖的感觉。

步骤三：最后分别指压中脘、气海（位于体前正中线，脐下1寸半。）、关元（关元穴位于下腹部，前正中线上，从肚脐到耻骨上方画一线，将此线五等分，从肚脐往下3/5处，即是此穴）、子宫、天枢穴等穴位即可。指压下腹部时，要稍用力使手掌充分弯曲，垂直下压15秒钟；若指压侧腹部时，必须将手掌充分弯曲分别置于左右侧腹上，沿水平方向稍用力缓慢按压15秒钟。

六、按摩塑臀

松弛下垂的臀部一方面是由于脂肪的堆积，另一方面因为臀部肌肉力量减弱所致。固然，体育锻炼能加速脂肪分解，并能提高臀部肌肉的力量，但往往一部分人不能从事大运动量的运动，譬如心血管系统疾病病人。按摩能促进脂肪处于柔软而容易"燃烧"的状态，不让肌肉失去弹性，最佳的瘦身结果是让块状肌肉和虚浮的肌肉变成条状肌肉。而按摩不但能够清除多余的脂肪，增强臀部肌肉力量，还可达到疗疾祛病的目的。

PART 6 按摩瘦身：动人身材"按"出来

起，才能充分达到效果。

按摩方法：首先将背挺直，肛门夹紧，慢慢吸气，用拇指以外的四根指头按压承扶、环跳、秩边穴，往上按压6秒钟时，将气吐出，如此重复10次。每天早晚各做10次。

2. 刺激涌泉穴

涌泉穴位于人体的足底部，卷足时足前部凹陷处，约第2、3趾趾缝纹头端与足跟连线的前1/3与后2/3交点上。

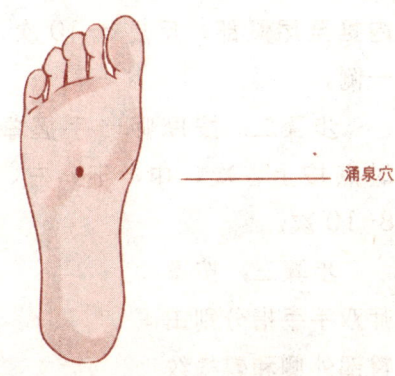
涌泉穴

涌泉穴道关系到肾机能与女性荷尔蒙的分泌，对第二性征的完整发育相当有帮助，刚练习时可从2~3分钟开始，然后慢慢增加到10~20分钟。

按摩方法：如果在家看电视的时候，可以推搓涌泉穴，俗称"搓脚心"，这是我国流传已久的自我养生保健按摩疗法之一，对臀部的减肥也非常有帮助。

踮脚尖走路是一个容易身体力行又省钱的运动法，可以解决臀部下垂的问题，使你的臀线更加迷人。采取放松脚踝的踮脚尖走路法，可以刺激脚底的涌泉穴，平日在家没事的时候或做家务时即可做。

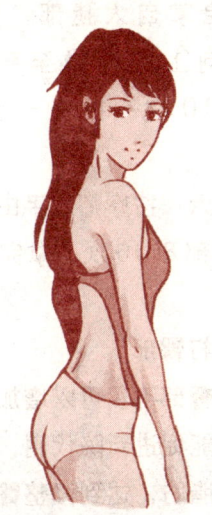

1. 按压承扶、环跳、秩边穴

承扶穴在臀部臀线底端横纹（臀部下缘线）正中位置，两侧各有一处。

环跳穴位于两侧臀部正中央较靠臀部外侧1/3处凹陷位置，左右各有一个。

秩边穴在臀部平第4骶后孔，骶正中脊旁开3寸。

按摩承扶、环跳、秩边穴，不但有疏经活络的作用，且还能刺激臀大肌的收缩，改善臀部下垂。按压5分钟后，就会有轻微抬高臀部的感觉。按压时要分两段出力，首先垂直压到穴点，接着指力往上钩

3. 被动按摩

因为身体原因，个人自我按摩有不能达到的穴位，如果请按摩师或亲密的人帮助按摩，可以弥补不足，使瘦臀效果更佳。

按摩方法：

步骤一：按摩师用双手前后交替在臀部由外向内推至尾骶部，反复8~10次，做完一侧再做另一侧。

步骤二：按摩师一手握拳，用四指关节同时点按上、次、中、下、左、右共六髎，反复8~10次。

步骤三：按摩师双手手指分别由臀部外侧和臀横纹交替向内向下提抹至尾骶部，反复8~10次，做完一侧再做另一侧。

步骤四：按摩师一手握拳，用五个指关节由承扶穴沿膀胱向上推至腰骶部，反复8~10次，做完一侧再做另一侧。

步骤五：按摩师双手全掌自大腿部，用身体的力量向上缓慢推至腰骶部，反复8~10次，推完一侧推另一侧。

步骤六：按摩师双手由大腿向上拿揉臀部8~10次，拿完一侧拿另一侧。

4. 拍打臀部

拍打臀部不仅可以增加血液循环，而且能促进新陈代谢，有助于燃烧臀部脂肪，达到修整臀形的目标，拥有骄人的身材。

按摩方法：

步骤一：首先在臀部涂上一层橄榄油。

步骤二：五指自然并拢，指关节微屈，然后有秩序地由下往上有节奏地用力拍打臀部，直至臀部放松为止，大约打5~7分钟。切记不要在饭饱后一个小时内拍打。

步骤三：拍打后要做一套后抬腿的放松动作——双手肘及双膝靠在地面，右脚保持90度角，屈曲右脚，向上抬，静止3秒，然后放下。

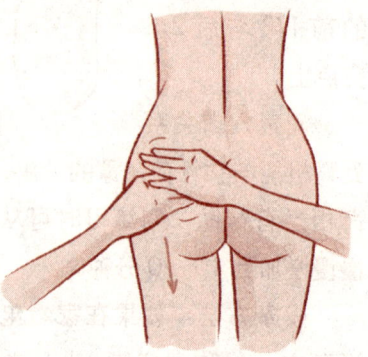

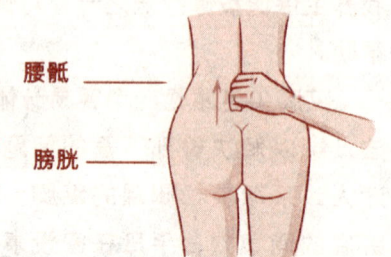

腰骶
膀胱

步骤四：换用左脚重复上面的动作。

步骤五：重复全部动作10~20次。

5. 交互敲臀

如果你并不太胖，但是却有个肥大的臀部，可能是骨盆歪斜所致。骨盆一歪，臀部就容易囤积脂肪，趴着以左右脚交互敲臀，就能矫正歪斜的骨盆。

按摩方法：

步骤一：趴在地板上，双手手肘弯曲置于脸下方，双脚弯曲立起，晃动一只脚，使脚后跟敲打到臀部。

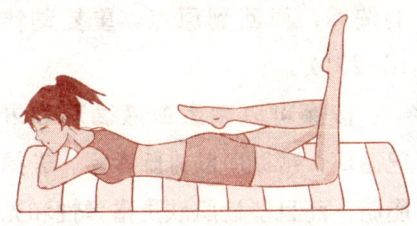

步骤二：换另外一脚敲臀，左右脚交互敲臀各40~50下，最后静止地趴着休息10秒钟。

步骤三：重复所有动作10~20次。

6. 浴后按摩操

沐浴后，身体擦干，有点温热时，可以做做提升臀部及毛巾按摩操，臀部提升效果非常好。

按摩方法：

步骤一：毛巾纵向折四折，再迅速扭拧。拧好两条毛巾，再结在一起。

步骤二：笔直站好，不要翘屁股，用手拉直毛巾、托住臀部，再往上滑动。重复做10次。

7. 刷子按摩操

按摩方法：

用刷子往上刷臀部下方，接着在屁股上用刷子由下往上呈螺丝状按摩，一边刷一边洗。

8. 徒手按摩操按摩方法：

按摩时可用双手代替按摩刷了，效果更佳。

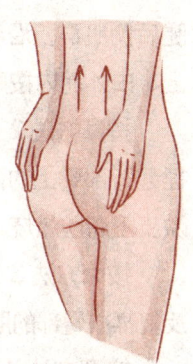

按摩方法：

步骤一：手掌整个贴在臀部上，由下往上滑擦按摩。特别是有橘皮组织的部位，更要用心按摩。

步骤二：用两手支撑臀部浑圆处，沿着曲线，手向外画弧线，像在描绘臀部的线条似的按摩。

步骤三：用手指头将橘皮组织往上抓，有韵律地做。左右手交换，

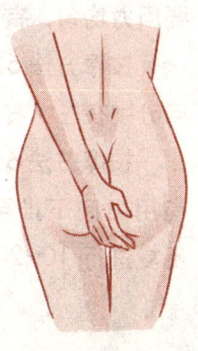

臀部中央到两侧都要按摩到。

步骤四：用手握住臀部下方的皮下脂肪，轻揉似的按摩。如此可促进血液循环，紧绷松弛的肌肤。

9. 其他自我美臀按摩方法

臀部肌肉主要由臀大肌、臀中肌和臀小肌组成，它是髋关节活动的主要肌群。女性臀部是体内多余脂肪最容易堆积的部位，而按摩是减少臀部脂肪堆积的重要措施之一。

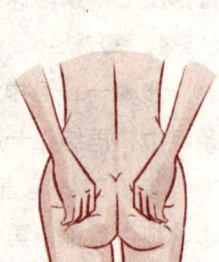

按摩方法1：两手五指揉拿大腿后侧肌群，沿着臀部曲线由下而上、由外而内按摩。

按摩方法2：适当用力地反复捏起背部臀上的两侧肌肉，可以刺激皮下脂肪燃烧。

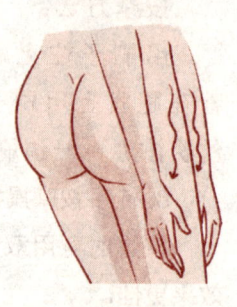

按摩方法3：以手掌自上而下反复揉挤臀部的肌肉，长期坚持会收到良好的效果。

按摩方法4：双手握拳，以拳心叩击臀部，注意要用力均匀，有节奏地击打2分钟以上。

按摩方法5：手掌面置于臀部上方，按顺时针方向分别在左、右臀部画圈10~20次。

按摩方法6：双手置于腰后，四个手指合拢，手指用力向下推至大腿根部，再由下至上推到腰部。反复进行10~20次。

按摩方法7：使用双手，以画大圆周方式由大腿内侧推至外侧10次，再由膝向上推压至大腿上侧10次。

按摩方法8：由腰际向大腿方向下压，并朝臀部回推。左右各10次。

按摩方法9：以双手贴住肌肤，由臀部向大腿方向，以波浪式按压、揉捏组织，促进排水功能。

按摩方法10：也可以握拳轻捶臀部，再向外捶到大腿，此时臀部会产生酸痛感。

按摩方法11：双手手掌，指腹贴于臀侧，慢慢向下按摩至大腿位置，再向上回到原点。来回动作10~20次。

按摩方法12：双手向上带至臀部中央，以手掌和指腹的力量向上按摩，再回到原点。重复动作10~20次。

按摩可以刺激血液循环和淋巴循环，帮助肌肤排除毒素，去掉脂肪，而且能让肌肤更富弹性和光泽。按摩时润肤乳要在手中揉搓起泡沫后，慢慢地涂抹于全身。

七、按摩瘦腿

的血液循环和淋巴液的流动，帮助排出毒素和体内废物。如果因为压力而暴饮暴食，或者产生了腿部浮肿现象，通过按摩疗法就能减肥。

1. 简易按摩

一双纤长的美腿，是女性魅力无穷的标志。拥有一双秀腿，会让走在路上的你感到信心倍增，脚步自然轻盈，神采飞扬。而利用按摩的方式，以促进腿部血液循环，达到瘦腿的效果，被广泛使用。

按摩方法：

步骤一：坐在地板上，放一张椅子于地板上，椅背的部分贴于地面上，然后躺下将双脚抬放在椅子上，自然张开。双手往腰后伸直并撑住地面，你的大腿外侧的肌肉因这样的姿势而感觉紧绷。

按摩腿部减肥法，就是通过按摩促动脂肪，使它经常处在柔软而且容易燃烧的状态。在自己希望瘦腿部位的上部开始按摩，由下向上按摩。可以通过穴道按摩、局部按摩等方法来促进减肥。用手在大腿皮肤上按摩减肥，可以促进肌肉

按摩时，将双手虎口紧贴腿部，让拇指和其他并拢的四指分开、平放，然后轻轻地从足踝按摩至大腿外缘感觉紧绷的部位。在大腿和臀部连接的部位，可加强重复按摩2～3次。瘦腿按摩每周至少两次，而且按摩的时间也要保持在40分钟以上，才能达到瘦腿的效果。

步骤二：将双腿伸至椅脚之外，然后向内施力。你会发现大腿内侧的肌肉因这样的姿势而感觉紧绷。用双手的拇指按压大腿内侧，其他并拢四指平放大腿外缘，同时按摩由足踝至大腿感觉紧绷的部位。重复这个按摩动作2～3次。按摩时要顺着腿部的淋巴腺拍打、按摩，促使腿部的淋巴结和血液循环更为畅通，还可通过适度的按摩，来消除腿部的沉重感与水肿现象。

步骤三：平躺在地上，双腿脚掌平放在地上用力撑起臀部。脚部放在地板上，在背部打直的情况下将臀部抬起。用拳头按压臀部周围同时紧缩腹部肌肉。自上而下；再摩擦小腿部位，自下而上；要上下反复摩擦。

步骤四：用两手一边捏小腿的腿肚子上的肌肉一边从中间向上下按摩，不断变化按捏的肌肉，重复5次。

步骤五：像拧抹布一样左右拧小腿腿肚的肌肉，从脚踝到膝盖不断改变拧的地方，重复5次。

步骤六：两手握住小腿，大拇指按住小腿前面的腿骨，从下往上按摩，重复3次。除了拇指，其他手指也要相应加大力度按摩肌肉。

步骤七：把拇指放在膝盖上面，两手握住大腿的肌肉边按压边按摩，重复5次。

2. 小腿穴位按摩

腿上分布着许多重要穴位。通过刺激穴位不但可以调整女性荷尔蒙，还能帮你解决腿部肌肉结实粗壮的烦恼。

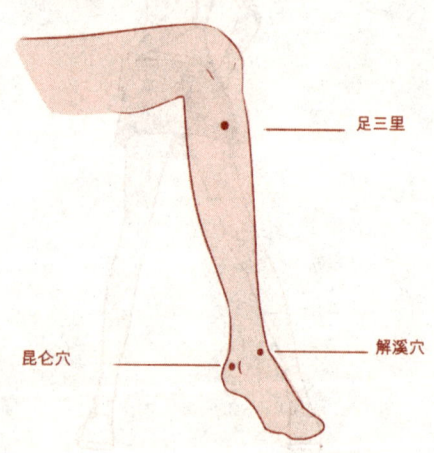

（1）足三里穴。足三里穴位于膝盖外侧凹洞，往下3寸（约四指并拢宽度），靠近小腿骨外侧的凹陷处，即为足三里。

按摩方法：缓缓地吐气，同时以手指指腹或指节用力按压此穴道6秒钟，然后松开，重复做20次。

刺激足三里穴可以促进循环、消除小腿上的赘肉。

（2）昆仑穴。昆仑穴位于脚踝外侧的后方，外踝尖与跟腱之间的凹陷处。

按摩方法：先将肌肉放松，一边缓缓吐气一边强压6秒钟，如此重复10次。刺激昆仑穴可以改善小腿肿胀，促进血液循环，美化腿部线条。

（3）解溪穴。解溪穴位于足背关节横纹中间点，两筋间凹陷处。

按摩方法：用拇指指腹向下按压，一面吐气一面用力，10秒后放手，停5秒，然后继续做10次。刺激解溪穴可以加速腿部血液循环，纤细脚踝。

3. 放松腿部按摩法

按摩前可将双脚在加了浴盐的热水中浸泡十分钟，这样可以起到松弛小腿肌肉，加速循环的效果，为接下来的按摩做好准备。

按摩方法：

步骤一：以小腿正后方为中线，从膝盖的正后方开始，逐渐往下按摩。伸平手掌，用两手小指的侧面，从脚踝向膝盖有节奏地敲击小腿，往返5次后换另一条腿，以同样方式敲击。

步骤二：持续按摩到小腿肚最宽处，再往下至小腿肚下方的承山穴。

步骤三：再从脚踝向膝盖方向按摩，直到腿部肌肤发热。

步骤四：抓住膝盖，用大拇指缓缓地按压膝盖内侧的穴位，使腿部的多余水分及毒素排出体外。

4. 小腿消肿按摩法

如果大腿很直、小腿很细，给人的感觉就是瘦，比例好，这是一般人很直接的联想。所以，小腿一旦变粗，整个人的身体就会变得很不成比例。

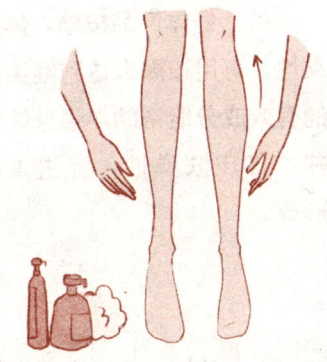

按摩方法：按摩都会是最好的方法，可以在洗完澡的时候擦上乳液或瘦腿霜，利用看电视的空当按摩小腿，按摩的方法可以用手握住小腿的两侧，由下往上按摩。切记，千万不可来回搓揉，因为我们白天长时间站立、走路，血液容易集中在脚部。往心脏方向按摩能让血液回流，这样按摩才能达到消除肿胀的效果。

5. 排脂按摩法

由于缺少运动，腿部肌肉松弛、筋脉浮现，美腿大打折扣。这就更需要你加强锻炼，练出一双光洁嫩

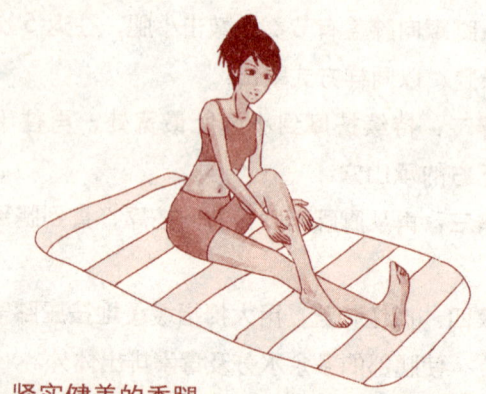

滑、紧实健美的秀腿。

（1）纤体产品按摩。体重合适而腿部脂肪较多的女性，可用按摩来达到健美双腿的目的。纤体产品中的有效成分能帮助加强身体新陈代谢，去除多余脂肪并增加皮肤弹性，促进淋巴循环，预防橘皮组织形成。

按摩方法：沐浴后，在脂肪集中的小腿、大腿等部位，涂上纤体霜或美体霜，以打小圆圈的按摩动作进行按压，螺旋状由下往上推进，用点力，尤其腿部两侧及小腿肚，要重点按摩，可以促进脂肪分解，让身体毒素、废物及时排除体外，避免松弛浮肿现象。

（2）粗盐按摩。粗盐具有发汗的作用，可以排出体内多余的水分，促进皮肤的新陈代谢，排除体内废物。

按摩方法：在洗澡前，拿取一杯份的粗盐加上少许的热水拌成糊状（涂抹在身上不会脱落的程度），再把它涂在身体上想要瘦的部位，如腹部、手臂四周、大腿，大约静止10分钟后，再用热水把粗盐冲洗干净。如果想快点见效的话，也可以先做些按摩，等盐粒自行溶化，然后再用水冲掉。之后，就可以按正常程序洗澡，可以用冷热水交替冲刷腿部，这样可以使腿部线条更加紧致。渐渐地，就会发现腿部曲线慢慢变匀称了，而且腿部的皮肤也变得细腻了。

参考文献

1. 于帆、陈刚：《精致小脸》，北京理工大学出版社，2009 年 3 月
2. 于帆、鹿萌主编：《完美小腹人》，北京理工大学出版社，2009 年 1 月
3. 于帆、鹿萌主编：《纤细臂膀》，北京理工大学出版社，2009 年 3 月
4. 于帆、彭鑫主编：《我型我塑——纤纤细腿》，北京理工大学出版社，2009 年 4 月

参考文献

1. 李航. 《西部小说》. 北海道工人学出版社, 2009年8月.
2. 王晓民, 陆青凌. 《管理学原理》. 东北工业大学出版社, 2009年1月.
3. 于小涛. 翻译工法. 系统集成测试. 东南工大学出版社, 2009年3月.
4. 王晓东. 集成系统列. 《网络互通新. 系统调试实务学出版社, 2009年4月.